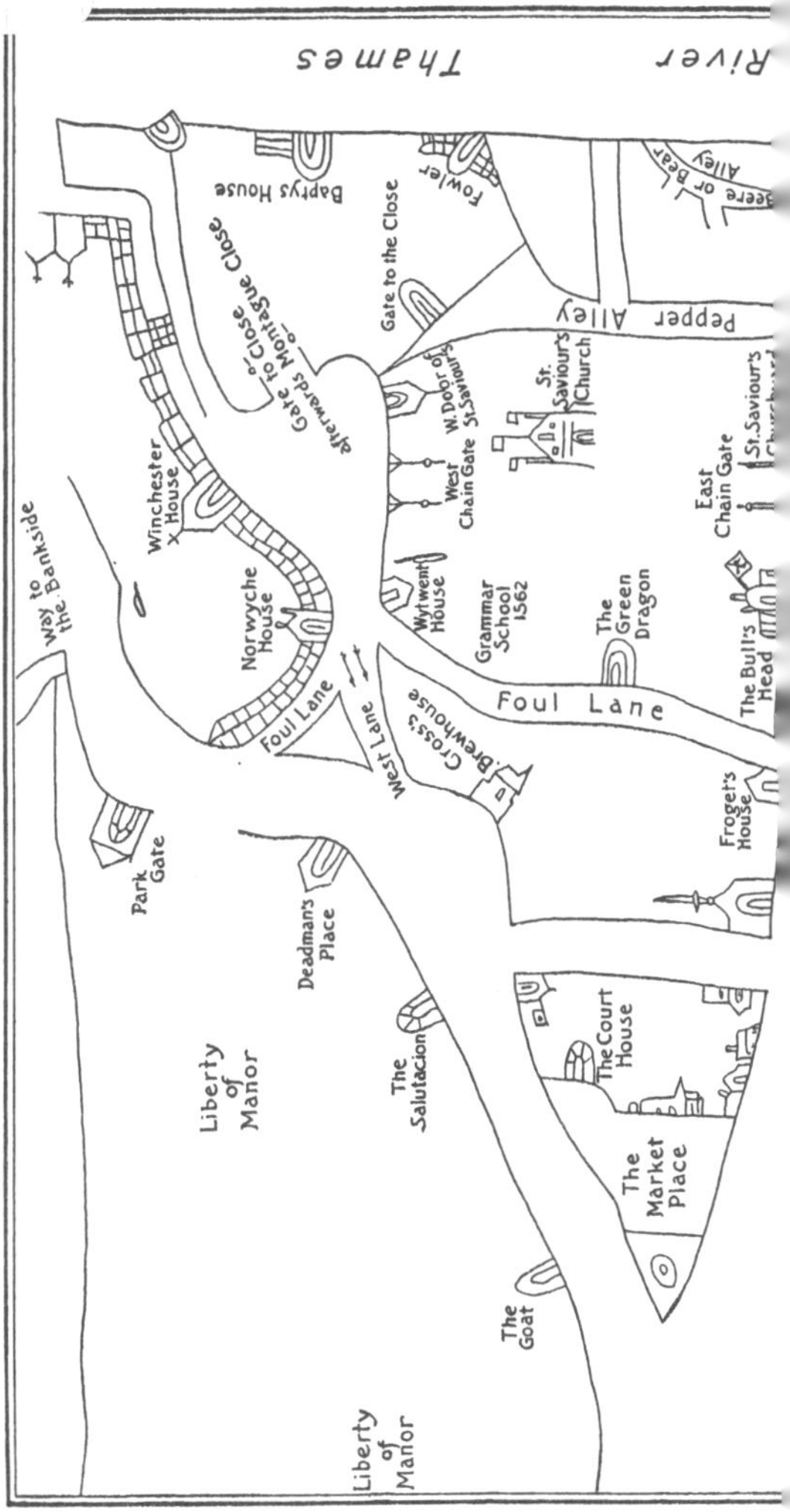

H. Shelley, John Harvard and His Times, p. 49より

ジョン・ハーヴァードの時代史

森　良和著

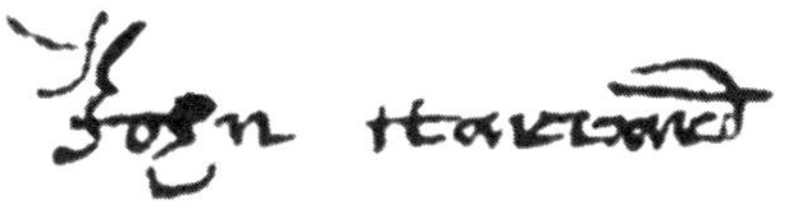

学文社

目　次

1　はじめに――知られざる人物ジョン・ハーヴァード　1

ハーヴァード像（1）　現代のハーヴァード大学（3）　人名に由来する名門大学（6）　ジョン・ハーヴァード（8）　ハーヴァード追跡（10）

2　ロンドン・サザーク――ハーヴァードの生い立ちと家族　13

ロンドン橋（13）　サザーク（16）　サザークと文学（19）　サザークとピューリタン（22）　サザーク大聖堂とハーヴァード（24）　ハーヴァードの生家（31）　ハーヴァードとシェイクスピア（37）　シェイクスピアと故郷（44）　縁談を取り持ったシェイクスピア（47）　肉屋のリンク（51）　ロンドン大火他の状況証拠（53）　ハーヴァードの家族（55）　ハーヴァードの少年期（57）　ペストの魔手（59）　ペスト流行の時期と地域（61）　ロンドン大火災とペストの絶滅（63）　母の再婚とそれぞれの道（65）　カサリンの再々婚（68）

3　ケンブリッジ大学イマニュエル・カレッジ　71

ケンブリッジへ（71）　ケンブリッジ大学（74）　ハーヴァードの恩人モートン牧師（78）　イマニュエル・カレッジの校風（80）　イマニュエル・カレッジのチャペル（83）　ハーヴァードのカレッジ入学（88）　大学の大衆化（91）　ピューリタンの牙城ケンブリッジ（92）　学寮での日課と学生生活（95）　学事課程と授業内容（99）　F・ベイコンの大学批判（105）　ミルトンの大学批判（109）　全般的危機と科学革命（111）　ピューリタンへの弾圧（113）　新大陸移住に向けて（117）　母と弟の死（118）　ハーヴァードの結婚（120）

4　マサチューセッツ湾植民地　125

チャールズタウン（125）　ハーヴァードの渡航（129）　当時の大西洋航海（133）　ニューイングランドとヴァージニア（137）　プリマスとマサチューセッツ（140）　恵まれた自然環境（143）　「タウン」の形成（144）　マサチューセッツの政治体制（146）　総督ウィンスロップ（148）　ジョン・ハーヴァードのアメリカ（151）　カレッジ設立の決定（155）　マサチューセッツからの離脱者たち（160）　宗教的離反（164）　ハッチンソン夫人の登場（166）
ハッチンソン夫人の追放（168）　ピークォット戦争まで（170）　ピークォット戦争（173）　カレッジの場所（176）　ジョン・ハーヴァードの死（179）
ハーヴァードを讃えて（180）

5　草創期のハーヴァード・カレッジ　183

未亡人アンの再婚（183）　寄贈された蔵書（185）　初代学寮長イートン（189）　カレッジの開校（192）　「暴力教師」の蛮行（194）　逃亡したイートン（199）　イートン、ヨーロッパへ（201）　ピューリタン革命とカレッジ（204）　コメニウスへの接近（206）　初代学長ダンスター（209）　ハーヴァード・カレッジのカリキュラム（211）　最初の卒業生（214）　カレッジの創立目的（216）　ダンスターの貢献（220）　ハーヴァードの前後三〇〇年（223）

あとがき
ジョン・ハーヴァード、初期ハーヴァード・カレッジ関係年表
図版・参考文献
索　引

1 はじめに――知られざる人物ジョン・ハーヴァード

ハーヴァード像

知名度だけならばリンカーンやディズニーにも匹敵する。しかし生涯についてはほとんど知られていない。古代史や中世史ならばともかく、近代史のみで語られる白人のアメリカ史にもそんな謎めいた人物が登場する。

ジョン・ハーヴァード。一般にハーヴァード大学の「創立者」として遍《あまね》くその名を知られている。おそらく今後も半永久的にその名をとどめよう。しかしハーヴァードの人物像については今日でもはっきりしない。どんな外見で、どのような性格の持ち主であったか、人生観や教育観はどうであったのかは未だに解明されていない。「人間ハーヴァード」像は依然ヴェールに包まれたままである。それでも表紙カバーにあるように、凛々しい姿をした銅像だけは作られている。

広大なハーヴァード大学のキャンパスの中でも最も古い「オールド・ヤード」の一角には「ジョン・ハーヴァード像」がある。ユニヴァーシティ・ホールの前に建てられたこの像はハーヴァード大学の象徴的存在といってよい。観光客はひっきりなしにこの銅像の前に立って記念写真を撮り、またほとんどの人が像の靴の先に触れていく。そうすることで幸運が訪れたり、頭が良くなったりするという噂があるそうだ。

これを製作した彫刻家ダニエル・チェスター・フレンチは、首都ワシントンのリンカーン記念堂にある大理石製「リンカーン像」や、マサチューセッツ州レキシントンにある「ミニットマン（民兵）像」などの有名な像を手がけたことでも知られている。「ジョン・ハーヴァード像」はハーヴァード大学が創立二五〇周年を迎える二年前、一八八四年に製作された。

もっとも、この銅像は「三つの嘘の像」ともいわれる。台座に刻まれた文字には「ジョン・ハーヴァード　創立者　１６３８」とあるが、これらはいずれも事実を伝えていないというのである。第一に、ジョン・ハーヴァードには、肖像画はおろか、彼の外見上の手掛かりとなる記録がいっさい残されていないので、銅像のモデルとなったのは製作当時人気があった学生であり、「ハーヴァード像」の人物はまったく別人であるということ。第二に、ジョン・ハーヴァードは「創立者」ではなく、初期ハーヴァード・カレッジに寄付をした最大の「功労者」であること。「創立者」をあえて探せば当時のマサチューセッツ湾植民地総会ということになり、個人的な名前では登場しないこと。第三に、創立された年号は「１６３８（年）」ではなく「１６３６」であること。これらが「三つの嘘」といわれる所以《ゆえん》である。

それでもやや寛大にみれば、ごく近代を除いて、昔の人物を象《かたど》った彫像のほとんどは実際の姿を表現しているかどうか疑わしいであろう。ロンドンのウェストミンスター大聖堂前にあるリチャード一世の銅像も、パリのルーブル美術館近くに黄金に輝くジャンヌ・ダルク像も、おそらく想像の産物である。

また、のちに詳しく述べるが、ハーヴァード・カレッジが開校したのは「一六三八年」なので、その年号が意味なしとは言えない。「カレッジを創る」という植民地総会の議決だけなされたのが「一六三六年」なのである。

「ジョン・ハーヴァード像」が製作された時期の学長チャールズ・エリオットは、一八六九年から一九〇九年まで、四〇年間もその地位にあった。これは南北戦争が終結した四年後から第一次世界大戦の開始される五年前までに当たり、アメリカが工業生産でイギリスを抜いて世界一に躍り出、巨大独占資本の発達した時代である。このエリオット学長時代にアメリカの国力上昇に比例しながらハーヴァード大学も大きく発展し、カレッジからユニヴァーシティ、すなわち単科大学から総合大学への変貌を遂げた。現在のハーヴァード大学の基盤が築かれたのである。

現代のハーヴァード大学

ハーヴァード大学のメイン・キャンパスはアメリカ合衆国マサチューセッツ州ケンブリッジ市にあ

る。同市には世界有数の先端科学研究で知られるマサチューセッツ工科大学（通称ＭＩＴ）もあり、「世界的」という形容がいささかも誇張に思われない数少ない学術都市である。ケンブリッジ市はチャールズ川を隔ててボストン市北部に隣接しているが、実質上ボストンの一部のようにも思える。事実、高水準の経営学研究で有名なハーヴァード・ビジネススクールや、広大なアスレティック・フィールドなどはボストン市に位置している。実はハーヴァード大学が所有するボストン市内の敷地もケンブリッジ市のものに劣らぬほど広い。

地下鉄を利用してハーヴァード大学に行くには、ボストンの中心部ボストン・コモンからレッド・ラインという路線を利用する。一五分ほどでハーヴァード・スクェア駅に到着し、エスカレーターを昇って地上に出るとそこがハーヴァード大学の中心部である。大学を囲う門は全部で九あり、「正門」というものはないが、それに当たるのが地下鉄の出口近くにある最古の門「ジョンストン門」であろう。この門をくぐれば正面右手にジョン・ハーヴァードの銅像が見えてくる。

大学院生や研究生を含めて二万人近くといわれるハーヴァードの正規の学生数自体は、日本のいわゆるマンモス大学に比較するとそれほど多いとはいえない。学部学生は七〇〇〇人にも満たない。しかしこの他に生涯学習に励む約一万五〇〇〇人のイクステンション・センター開講の聴講生や、およそ二〇〇〇人の教員と研究員、一万二〇〇〇人の事務系職員と六〇〇〇人の医学部付属病院のスタッフなどが加わる。さらにこれらの学生、教員、事務スタッフらの大学関係者を当てにしたさまざまなビジネスに携わる人々を含めると、この大学町の規模は優に地方都市に匹敵する。

しかし、ハーヴァードの真骨頂が単なる量的な規模ではなく、その質、すなわち設備や教育内容の充実ぶりにあることは言うまでもない。ケンブリッジ市とボストン市とにまたがる約一六〇ヘクタールあまりの広大な大学キャンパスには四六〇棟の建物が建てられているが、とりわけ図書館の素晴らしさは特筆に値する。大ホールと見紛うような、大学図書館としては世界最大級のワイドナー図書館を筆頭に、専門分野ごとに整えられた九〇にも及ぶ図書館には、深夜一時まで開館しているものもあるという。また、動物、植物、鉱物資源、考古学の各分野の資料を蒐集し展示した自然史博物館、ヨーロッパや東アジア、北欧などの美術コレクションをそれぞれ集めた三つの美術館も整備され、これらは一般にも開放されている。図書館も原則的に学外者に開かれていることが多い。

世界各地の情勢を多面的に研究する東アジア、中近東、中南米、アフリカなど一〇あまりの地域問題研究所の存在も大きい。それらから提示される結論や提言は、世界政治の行方を左右すると言っても過言ではない。戦略研究所のサミュエル・ハンティントン教授が提起した「文明の衝突」というテーゼが、近年大きな反響を呼んだことは記憶に新しい。また、情報化時代の申し子ともいうべきマイクロソフト社会長ビル・ゲイツはハーヴァードの中退者である。ハーヴァードは疑いなく世界への発信基地である。何しろ六人の大統領、それぞれ三〇人を超えるノーベル賞受賞者、ピュリッツァー賞受賞者など、数々の栄誉ある人材を輩出した大学なのであるから。

それでも、現在のハーヴァードはかつてアメリカを牛耳っていた支配階層、いわゆるＷＡＳＰ（白人、イギリス系、プロテスタント）の拠点とはほど遠い。学生の大半は中流家庭に育った公立高校出身者で、奨学制度や学資ローンを利用して学業を続けている者が多いという。外国人留学生も多く、出身国は百数十ヶ国、留学生数は三〇〇〇人にのぼり、うち三分の一がアジア出身者となっている。

このように世界に君臨し、知らない者がいないハーヴァード大学の名は、一七世紀前半にアメリカに渡った無名の牧師の名前から採られた。

人名に由来する名門大学

ジョン・ハーヴァードは自身の死に臨んで、自らの資産の半分と全ての蔵書を、スタートしたばかりのマサチューセッツ湾植民地カレッジに寄付する意思を表明した。そのカレッジが「ハーヴァード・カレッジ」と名づけられるのは彼の死から半年後のことである。

日本の伝統校ではほとんどみられないが、アメリカでは大学名をつける場合、創立に際して最も財政的貢献を行った実業家の名を冠することが少なくない。州立・市立大学などの公立大学を除き、特に伝統ある「名門」といわれる大学ほど人名に由来するケースが目立つ。アメリカの大学が長い間、ヨーロッパのようには富裕階級や教会組織から提供される潤沢な資金をほとんど当てにすることができなかったことを反映していよう。有志が広く篤志家を募って資金を調達し、独自の理念に従って大学を開学したケースがよく見られる。

例えば、「名門校」としてハーヴァードと並び称されるイェール大学は、世俗化して「神学を忘れた」ハーヴァードに幻滅した人々によって一八世紀の開始とともに創立されたが、そこに名の残るイライヒュー・イェールも一七世紀に東インド会社マドラス総督を務めて巨富を築いた商人である。ハーヴァードもイェールもいわゆる「アイビーリーグ」八大学に属している。これは本来東部の伝統校が組織したフットボール・リーグを表すが、名門大学の代名詞ともいえる。その一つのブラウン大学も、ニコラス・ブラウン・ジュニアという一八世紀半ばの商人の名にちなむし、ダートマス大学は創立を支援してくれたイギリス貴族の所領地名から来ている。

一九世紀のアメリカでも電信王や鉄道王の名が大学に表れている。電信会社ウェスタン・ユニオン・テレグラフ社を創業し、社会事業家としても有名なエズラ・コーネルは、やはりアイビーリーグに属するコーネル大学にその名を冠している。また、西部にあるのでアイビーリーグには属さないが、セントラル・パシフィック鉄道社長でカリフォルニア州知事や上院議員も務めたアマサ・リーランド・スタンフォードもやはりその名を冠した大学の創立に大いに貢献し、西部の名門スタンフォード大学を誕生させた。

だが同じく創立期の大学に大いに財政的貢献を行い、大学にその名を残してはいても、先駆けとなったジョン・ハーヴァードについてはいささか事情が異なる。政治やビジネスへの関与はおろか、教育論を展開したことも一切ない。社会的な活動とはほとんど関わりを持たないまま、死を目前に両親から継承した資産をカレッジに寄付したことだけでその名を永遠に保つ結果となったのである。

ジョン・ハーヴァード

座右の歴史年表によれば、「一六三六年　ハーヴァード大学創立」とある。しかしハーヴァード自身はこの年にはまだイングランドにいてアメリカには渡っておらず、のちに自らの名で呼ばれるカレッジの設立には全く関係していなかった。翌年アメリカに移住してカレッジ設立の話を聞き、その趣旨に賛同したことは疑いないが、その必要性を積極的に方々で訴えて植民地人の支持を仰ごうと尽力したというわけでもない。むしろ大志や功名心とはおよそ無縁な目立たない駆け出しの牧師であった。

ハーヴァード自身はハーヴァード・カレッジの創立者でも、学長でも、学寮長でも、教授でも、評議員でも理事でもなかった。さらに、厳密にいえば、カレッジはちょうど彼の死去したころに開校したばかりであったが、まだ「ハーヴァード大学」ではなかった。その開校直前か直後のカレッジをハーヴァード自身が訪れたかどうかも定かではない。

ジョン・ハーヴァードの生涯は短い。大学の学位を得てから三年、結婚してから約二年半、アメリカに移住してから一年二ヶ月、そしてハーヴァード・カレッジが開校にこぎつけてからおそらく一、二週間後に、わずか三〇歳でその一生を終えた。それでも彼はハーヴァード家一〇人の兄弟姉妹の中では最も長生きしたのであった。

もっとも、フランス革命で一時期指導者の一人となったサン・ジュスト、幕末の吉田松陰や高杉晋作、天才数学者ガロワなど、三〇歳にも満たないで生涯を終えながらも一世を風靡した人物を歴史の中から探し出すのはそれほど困難ではない。だが、華々しい事績とは一切縁がなく、ようやく新天地で社会生活を築き上げようとした矢先にこの世を去り、本来ならば無名のまま歴史の闇に消えたはずのハーヴァードが、このような形で名を残していることはきわめて異例といえよう。

ハーヴァードがどのような人物かを紹介した著作は少ない。特に、日本語で彼について本格的に書かれたものは寡聞にして知らない。当のハーヴァード大学でさえ、創立二五〇周年（一八八六年）を迎えるころまで「創立者」ハーヴァードについては、ケンブリッジ大学イマニュエル・カレッジ出身で、マサチューセッツのチャールズタウンに住み、草創期のカレッジにかなりの遺産を寄付したこと以外ほとんど知られていなかった。一世紀半近く前の一八六〇年に公刊されたジョウサイアー・クィンジー（ハーヴァード大学第一五代学長）著『ハーヴァードの歴史』ではジョン・ハーヴァードについて次のように述べられている。

> ジョン・ハーヴァードの経歴についてはほとんど手掛かりがなく、まったく不十分にしかわかっていない。ケンブリッジのイマニュエル・カレッジで教育を受けたこと、一六三七年にわが地

に移民して来てすぐに法律上公民として認められ、チャールズタウン教会のメンバーになったこと、彼についてはっきりしていて確実なのはこれだけである。彼の同時代人はその人となりを知る機会がほとんどなかった。彼はわが地に一年しかいなかったし、おそらくその間ずっと肺病に悩まされていた。そのせいで彼はすぐに葬られることになったのである。当時の歴史家は彼を「崇高」「敬虔」「学問の愛好者」などの言葉で形容していた。

ハーヴァード追跡

それにしても、結果的にこれほど有名になった人物の伝記が不思議と見当たらない。史料が非常に限られるからである。ハーヴァードの手になる著作は一冊もないし、一通の手紙さえ残されていない。現存の記録で本人の筆跡といわれるのは名前のサイン二つだけであるが、うち一つは正真正銘のものかどうか怪しいという。厳密な史料批判に基いてありのままに過去を再現するのが「正統的歴史学」だとすれば、史料という手掛かりのないハーヴァードについての歴史的研究は本質的に不可能ということになろう。

英語でも本格的にハーヴァードのライフ・ストーリーを扱った著作は、ハーヴァードの生誕三〇〇年に合わせて一世紀前に著された、ヘンリ・シェリーの『ジョン・ハーヴァードとその時代 John Harvard and His Times』（未邦訳）のみである。しかしアメリカ史研究の泰斗サミュエル・エリオット・モリソンによれば、同書は「ロマンティックではあるが、学問的ではない」という。

そこで本書では、ハーヴァード・カレッジの成立についてきわめて多面的に集成したモリソンの『ハーヴァード・カレッジの誕生 The Founding of Harvard College』（未邦訳）をベースにしながら、ジョン・ハーヴァードの生きた軌跡を辿り、同時にハーヴァード・カレッジの成立に至るまでの背景やその時代の出来事について追究してみた。もちろん「ロマンティック」な部分については注意深く検証しながらシェリーの伝記も援用させてもらったし、さらに巻末に示した多数の文献にも多くを負っている。

シェリーやモリソンの著書は二〇世紀前半に著されたものであるが、それ以後ジョン・ハーヴァードについて、これらの著書の内容を大きく改変するような新史料が見出されたとは聞かない。あるいは今後ハーヴァード研究に何らかの進展があるのかも知れないが、従来の見解を根本的に見直すような事態に至るとは考えにくい。

教育史の専門家でもアメリカ史の専門家でもない筆者が偶然にジョン・ハーヴァードに興味を持ったのは、ロンドン大学教育研究所で資料調べをしていた二〇〇二年初秋のことである。たまたまシェリーの前掲書が同研究所の図書館に所蔵されているのを知った。ちなみに同書はその研究所でもまだだれも読んだことがなかったらしく、図書館の奥に眠っている洋書にたまにみられるが、各頁はまだフォリオを折り込んで製本されたままの状態で、「開封」されてはいなかった。

手に取って拾い読みしているうちに、ハーヴァードが意外にもアメリカにはたった一年しかおらず、しかも目立った業績はまったく残していないことがわかった。そしてこのような若くして他界したイギリスの牧師志望者が、なぜアメリカ最高峰の大学に名前を残すことになったのか、詳しく調べてみたくなった。通信教育部のスクーリングで「教育学特殊講義」という科目を担当し、西洋史を背景にしながら大まかな大学の歴史を講じていることも動機となった。おそらく日本ではハーヴァードその人についてほとんど知られていないので、ささやかながらその人物像や生きた時代背景を、まとまった著書として提示できればと思ったのである。

ジョン・ハーヴァードに直接結びつく史料はあまりに少ない。その生涯を追う作業は、あたかもきわめて細かい少数の断片しか出土していない過去のモザイク画を、想像画で補いながら再現する試みのようでもある。調べれば調べるほど謎が深まるのも、歴史に限らず、およそ学問というものが持ち合わせている宿命なのであろう。

ハーヴァードの「原典」というものは存在しないので、内容の多くは二次資料に拠っている。モリソンとシェリーをはじめ、参考文献であげたそれぞれの著作からは多くを教えてもらったが、煩雑さを避けるため、文章ごとに逐一詳細な注を付すことはしなかったことをお断りしておく。

2　ロンドン・サザーク——ハーヴァードの生い立ちと家族

ロンドン橋

「ロンドン」という言葉から真っ先にイメージされるものは何であろうか。テレビ・ニュースでロンドン特派員の報告がなされる場合、背景として定番化しているのがテムズ川とビッグ・ベンの時計台、すなわち国会議事堂の建物である。そのウェストミンスターから十数分歩くとトラファルガー広場やピカデリー・サーカスに出、さらにリージェント・ストリートなどの著名なショッピング街に至る。この辺りが現在のロンドンでもっとも賑わいをみせている界隈であろう。けれども、一七世紀当時、ロンドンの中心はもっとずっと東側、すなわちシティであった。例えば一六三八年にドイツのフランクフルト・アム・マインで出された「ロンドン図」を眺めると、当時ロンドンとは別の自治都市であったウェストミンスターは含まれていない。その代わりに一際目立つのは、重々しい建物に覆われたロンドン橋（次頁）と、今日とはまったく外観の異なるセントポール大聖堂、それに、町全体に大小無数の尖塔が目につく中で、半球形のてっぺんを持つ塔を四隅に配した

26
24
29
22
25
30
28

ロンドン塔あたりであろうか。

「ロンドン橋落ちる……」という歌詞で有名な「ロンドン橋」の歌は、古来イギリスに伝わる童謡であるが、「マザーグースの歌」でも知られている。テムズ川にはおそらくケルト時代、すなわち紀元前後に、最初の木製の橋が架けられていたであろうといわれる。以後、一八世紀中葉に至るまで、ロンドンでテムズ川に架けられた橋はロンドン橋ただ一つであったので、その存在は重要であり、ロンドン市民にはいっそう愛着が強いものであったろう。

今日、ロンドン橋に出るには、テムズ川の北側では地下鉄のモニュメント駅、南側ではロンドンブリッジ駅が便利である。もっとも、童謡でなじみ深いとはいえ、現在のロンドン橋は何の変哲もない近代的なコンクリート橋で、ほとんど装飾のないシンプルな外観からは特別な感慨は湧いてこない。むしろ、この橋から見える東隣のタワー・ブリッジの方が、ロンドンの象徴としてははるかに有名である。タワー・ブリッジをロンドン橋と勘違いする人も多いと聞く。確かに橋上に建物がある点ではタワー・ブリッジの方が昔のロンドン橋に近い。

ところが、一七世紀のロンドン橋は現在とはあらゆる点で様子が異なっており、当時のロンドン名物の筆頭であった。扁平な今日の外見からは想像もできないが、橋の上には通りの両側に商店を兼ねた家屋が数多くひしめき合っていた。それらは三、四階建てで、西洋中世都市の町並みによくみられるように、各家屋は上階に行くほど通りにせり出す構造となっており、最上階は向かい側の家とつながっていることが多かった。道幅は四メートルほどしかなく、橋を渡るのはさながら狭いトンネルを通り抜けるようであったという。

そのころのロンドン橋には船の通行を可能にするための跳ね橋があったので、この部分には家屋が建てられなかった。橋の長さは二四〇メートル、橋桁の数は二〇ほどで、大型帆船は跳ね橋の間を、また小舟は橋桁の間を縫いながら通過して行った。またテムズ川を横切るには舟も利用され、何千人といたという渡し守たちの威勢のいいかけ声が辺り一帯に響いていた。厳冬時には川の表面が凍りつくこともあり、時には氷上を歩いて対岸に達することも可能であった。

橋にはいくつかの門があったが、最も南寄りのグレート・ストンゲイトウェイと呼ばれる橋門の上には、処刑された反逆者たちの曝し首が長い棒に串刺しにされて高く掲げられていた。当時のロンドンを表した鳥瞰図にはロンドン橋を中心にしたものが多いが、それらにもその様子が描かれ、前述の「ロンドン図」にも十数名の首がみえる。サザークの住民は毎日この曝し首を遠望しながら暮らしたのであろう。

サザーク

サザークはロンドン橋の南側にテムズ川に沿って広がっている地区で、当時セント・セイヴィア、セント・オレイヴ、セント・ジョージ、セント・トマスの四教区から成っていた。橋を北から南に渡ってそのまま直進方向に延びている道路をバラ・ハイ・ストリートというが、中世の後半からこの通り一帯には商人や船乗りや旅人たちが多く行き交っていた。スカボロ、ピーターバラなどの町が今日まで残されているように、「バラ」や「ボロ」は本来城壁で囲まれた「自治都市 borough」を表す言葉である。サザークも長く自治都市であったが、一六世紀中葉にロンドンの一部となった。

ロンドン橋のおかげで、サザークはテムズ川の水運とロンドンの陸上交通とを結ぶ唯一の中継点であったため、大航海時代を経て世界貿易時代に入った一七世紀になると、ますます活況を呈するようになった。文豪シェイクスピアが産みだした数々の名作の舞台には、さまざまな国々や地域が登場するが、これはその頃のイギリスが本格的な貿易国家として乗り出しつつあったことを反映している。東インド会社が成立した一六〇〇年には、オランダ船に乗船していたイギリス人ウィリアム・アダムズが日本に漂着してもいるが、これらはそうした活動の現れであろう。アダムズは、サザークではないが、同じテムズ河畔やや下流のライムハウスで修業時代を送った。

また、サザークはケント地方のカンタベリやドーヴァー方面への起点にも当たるため、多くの宿屋が軒を連ね、宿場町としても発展していた。いわば大都市ロンドンの南口であった。後述のように、これらの宿屋はしばしば文学作品の中に現れる。

ロンドンに編入こそされたものの、サザークはロンドン市から「特別自由区」として認められており、ロンドン市の法律の枠外にあった。そのため文字通り「無法者」が多くやって来る場所でもあった。いろいろな国からさまざまな階層の人々が集まり散じ、教会から売春宿まで、清濁併せ呑むように多種多様な文化が交錯する土地柄がサザークであった。

対岸のシティ一帯がロンドンの「表の顔」だとすれば、サザークの川べりには教会、邸宅などのほか、商店、居酒屋、宿屋、芝居小屋、見世物小屋、売春宿、牢獄などが立ち並び、「裏の顔」の町ともいえる猥雑な地域であった。敬虔なピューリタンであったと推測されるジョン・ハーヴァードが生まれ育ったのは、ピューリタンの標榜する禁欲主義とは正に対極の、喧噪に満ちた欲望渦巻く界隈であった。

『メトロポリス・ロンドンの成立』によれば、一六〇二年のサザークの人口は二万一七〇〇人で、その後三〇年間に二万九〇〇〇人になった。この増加の割合は市全体の増加率とさほど変わりない。一七世紀後半のロンドン圏で、サザークはテムズ南岸地域全体の人口の三分の二を占めたが、時代を遡るほどこの割合は高かったという。国内各地からだけでなく、オランダ人、スウェーデン人、フランス人、ドイツ人、あるいは地中海からイタリア人やアフリカ人などもやって来たであろう。

しかし、このような「裏の町」サザークはたびたびイギリス文学の舞台となる。猥雑な世界なればこそ真の「人間」がみえるのだろう。逆に、平和で健全な世界は文学の対象とはなりにくいとみえる。

サザークと文学

文学の上でイギリス・ルネサンスの黎明を告げる作品として、一四世紀末に著されたジェフリー・チョーサーの『カンタベリ物語』が筆頭に挙げられる。またルネサンスの最後に一際眩い輝きを放つのは文豪シェイクスピアである。実はこの両者はサザークに接点を持っている。

チョーサーの小説『カンタベリ物語』は、様々な職業に携わる二九人の男女がカンタベリ大聖堂への巡礼に向かう途上、ロンドンの宿屋に居合わせ、各自がそれぞれとっておきの面白い話を聞かせ合って道中の徒然を紛らわす、という体裁を取っている。その実在の旅籠《はたご》陣羽織亭はサザークのハイ・ストリートにあった。物語の中でその部分は次のように表現されている。

そんな季節のある日のこと、こんなことが起こりました。

じつは、わたしはとても敬虔な気持ちからカンタベリへ念願の巡礼に出かけようと、サザークの陣羽織亭に泊まっておりました。（桝井迪夫訳）

税関吏であったチョーサー自身、この地に馴染みがあったのは確実である。陣羽織亭はその後名前こそ変えたものの、一八七五年ころまで旅籠として営業していたという。現在ではその跡地に病院が建っており、「タバード・ハウス」という看板が掲げられ、記念の銘板（プラーク）も付けられている。

さらに、ハーヴァードの誕生する数年前まで、文豪シェイクスピアもおそらく一五九七年頃から一六〇四年頃までサザークに居を定め、グローブ座などで活動した。後に詳しく述べるが、ストラトフォード・アポン・エィヴォンにあるシェイクスピアの生家は、ハーヴァードの母の実家まで徒歩わずか数分の近所にあり、シェイクスピア兄弟がハーヴァードの両親を結びつけた可能性もある。

中世末期の百年戦争中にイギリスで起こった二つの大きな農民一揆にもサザークが登場する。一つは一三八一年に発生したワット・タイラーの乱、もう一つは、一四五〇年のジャック・ケイドの乱である。これらの乱では反逆者たちがサザークにあったクリンク牢獄の囚人を全員解放している。

ワット・タイラーの乱では、サザークからロンドン市内への反逆農民の侵入を防ぐため、ロンドン市長がロンドン橋の橋門を一旦閉め、跳ね橋も揚げたが、反乱軍は橋に火を放つと脅かして開門させ、跳ね橋も降ろさせた。その後反乱軍は市内になだれ込んで殺戮や略奪を働いたが、結局「騙し討ち」した国王軍によって鎮定された。

白鹿亭も中世から近代後期までの出来事や文学作品にしばしば現れる有名な旅籠である。薔薇戦争の前哨戦《ぜんしょう》ともいわれるジャック・ケイドの乱は、当時の国王ヘンリ六世の圧政に対して起こされた。ケントから発生してロンドンに向かったこの農民反乱は結局失敗に終わったが、この乱が進行しているなかで、ケイドら反逆者たちは一時白鹿亭を拠点として攻撃作戦を練った。シェイクスピアの『へンリ六世・第二部』の第四幕はこの乱を中心に展開するが、その第八場には次のようなケイドの科白がみえる。

おれがこの剣でロンドンの城門をたたき破り、サザークまでやってきたのも、この白鹿亭でおまえらに見捨てられるためだったのか。（小田島雄志訳）

テムズ川以南から陸路でロンドン市に入るにはロンドン橋を通過しなければならないので、市の入り口に当たるサザークはそれだけ登場する機会も多いのであろう。

チャールズ・ディケンズといえば、一九世紀ヴィクトリア朝の英文学を代表する作家であるが、この作家もサザークと非常に縁が深い。無節操な浪費のために借金がかさんだディケンズの父は、ディケンズが一二歳のときにサザークのハイ・ストリートにあるマーシャルシー牢獄に入れられた。当時ここには債務不履行者が多く収容され、父とともに母や兄弟たちもそこに「入居」することになったが、チャールズ・ディケンズ自身は他人の家に寄宿して働いていたという。

一八三七年に完成したその小説『ピックウィック・ペーパーズ』は自分自身のそうした生活経験を投影したものであろうが、ここにもサザークと白鹿亭が登場する。同書の第一〇章にはバラ地区、すなわちサザークが、近代的な変化の波をかぶっていない地域であり、古い宿屋がいくつか残っている場所であると紹介されている。またこうした宿屋の一つである白鹿亭の内庭で、仕事をしている靴磨きの男、留められている数台の荷馬車、かいがいしく働く従業員の様子などが生き生きと描かれている。

サザークとピューリタン

人間性の自由な解放を謳歌していたサザークではあるが、そのサザークにピューリタンが多く生じて人間性の自制を提唱し、禁欲や節制を唱道したのはある種の精神的リバウンド現象なのであろうか。もっとも、柔軟な思想が満ち溢れ、既成の価値観に対する批判精神が許容されていたからこそ宗教面にも自由な発想が及び、当時としては過激な宗教思想を醸成した面もあろう。ルネサンスに対する宗教改革の発生を彷彿とさせる。

また、シティの法律が及ばず得体の知れない人々が多いサザークの方が、急進派にとっては好都合で、地下活動をしやすい面もあったと思われる。シェイクスピアはサザークを拠点に活動したが、当時演劇とはある種のいかがわしさを伴っているものと考えられたようで、もっぱらサザークがその興業を一手に引き受けていた。特に、グローブ座をはじめとする劇場はサザークの川べりに集中していた。シティ内部の風紀を紊乱《びんらん》しては困るということであろう。サザークはシティの「吹き溜まり」の役割を引き受けていたようだ。

二〇世紀の有名な経済学者ケインズは「商業劇場なしにはシェイクスピアは存在しなかった」と語ったようだが、商業や貿易の急速な発展によって、それを担う人々は明らかに時代の変化を感じ取っていた。その彼らが旧来のものとは異なる精神的アイデンティティを求めたとしても不思議ではない。心理主義的な説明が全てではないにせよ、経済的な力をつけてきた新興中産階級が新しい心の拠り所を求めていたことは確かであろう。

こうした中で、サザークのクリンク牢獄にはエリザベス一世時代から多くのピューリタンが宗教的反逆の科《とが》で投獄されていた。それでも彼らは「獄中教会」を形成しながら宗教的信念の維持に努めていた。会衆派教会、あるいは独立派の祖とみなされるロバート・ブラウンも一時サザークのセント・オレイヴ学校の校長を務めていた。ここには反体制の気風も蔓延していたのである。

「ピルグリム・ファーザーズ」といえば一六二〇年にメイフラワー号でアメリカのプリマスに到着し、ニューイングランド形成の嚆矢《こうし》となった伝説的なピューリタン集団であるが、そのメンバーにはサザークで活動していた者が何名か含まれる。これも前述のようなピューリタンの伝統に則したものであろう。ブラウンらの影響下、サザークには独立派教会が設けられ、ここには国教会からの分離を図る一団が集っていたからである。

また、ピューリタン系のクェイカー教徒を指導してアメリカのペンシルヴェニア植民地の基を築いたウィリアム・ペンも、ハーヴァードよりおよそ四〇年後の生まれであるが、やはりサザーク出身である。もっとも、ペンの父は海軍提督であり、その限りでは国家の中枢に座っていたのであるが。

ともかく、あらゆるものを併呑するサザークの坩堝《るつぼ》は、多くのユニークな人材を輩出する源泉となったようだ。

サザーク大聖堂とハーヴァード

ロンドン橋をシティ側からサザーク側に、すなわち北から南に渡りきると、正面やや右に堂々たる偉容を備えるサザーク大聖堂（図版①、以下番号だけを記す）が見えてくる。この聖堂の正式名称は「セント・セイヴィアおよびオヴェリーのメアリの聖堂参事教会」という。

その起源はノルマン朝時代に遡り、一一

①サザーク大聖堂

〇六年に聖母マリアに捧げる教会として建立され、まもなく修道院付属の教会となった。聖母マリアの名を冠した教会が多数あるからであろう、「川向こうover the riverの聖母マリア教会」として知られたが、「オーヴァー・ザ・リヴァー」がなまって一般に「セント・メアリ・オヴェリー」と呼ばれるようになった。

しかし、一五三四年、国王ヘンリ八世の宗教改革によって、イングランドの教会がカトリックから離脱することが宣言され、イギリス国教会が成立すると、それに伴って修道院も解散された。そのため教会名も「聖なる救世主」、すなわち主イエスを意味する「セント・セイヴィア教会」と改称された。この修道院の解散はサザークの歓楽街化をいっそう促したといわれる。一九〇五年になって歴史的に存在した二つの教会の名前を併せて今日のような名称となった。この教会の教区がジョン・ハーヴァードの故郷である。

セント・セイヴィア教会に残されているジョン・ハーヴァードの受洗記録には「一六〇七年一一月二九日、肉屋ロバートの息子ジョン・ハーヴィJohn Harvye」と記されている(2)。ハーヴァードはその数日前に誕生したとみられる。奇《く》しくもこの年にはイギリスの北アメリカにおける最初の植民地ヴァージニアが再興されている。ハーヴァードはその出生からすでにアメリカと縁があったようだ。

実は、ハーヴァード大学にその名の残るジョン・ハーヴァードの出自や生誕年月日については、一九世紀の末にヘンリ・ウォーターズという学者が緻密な家系の考証研究を行うまで知られていなかっ

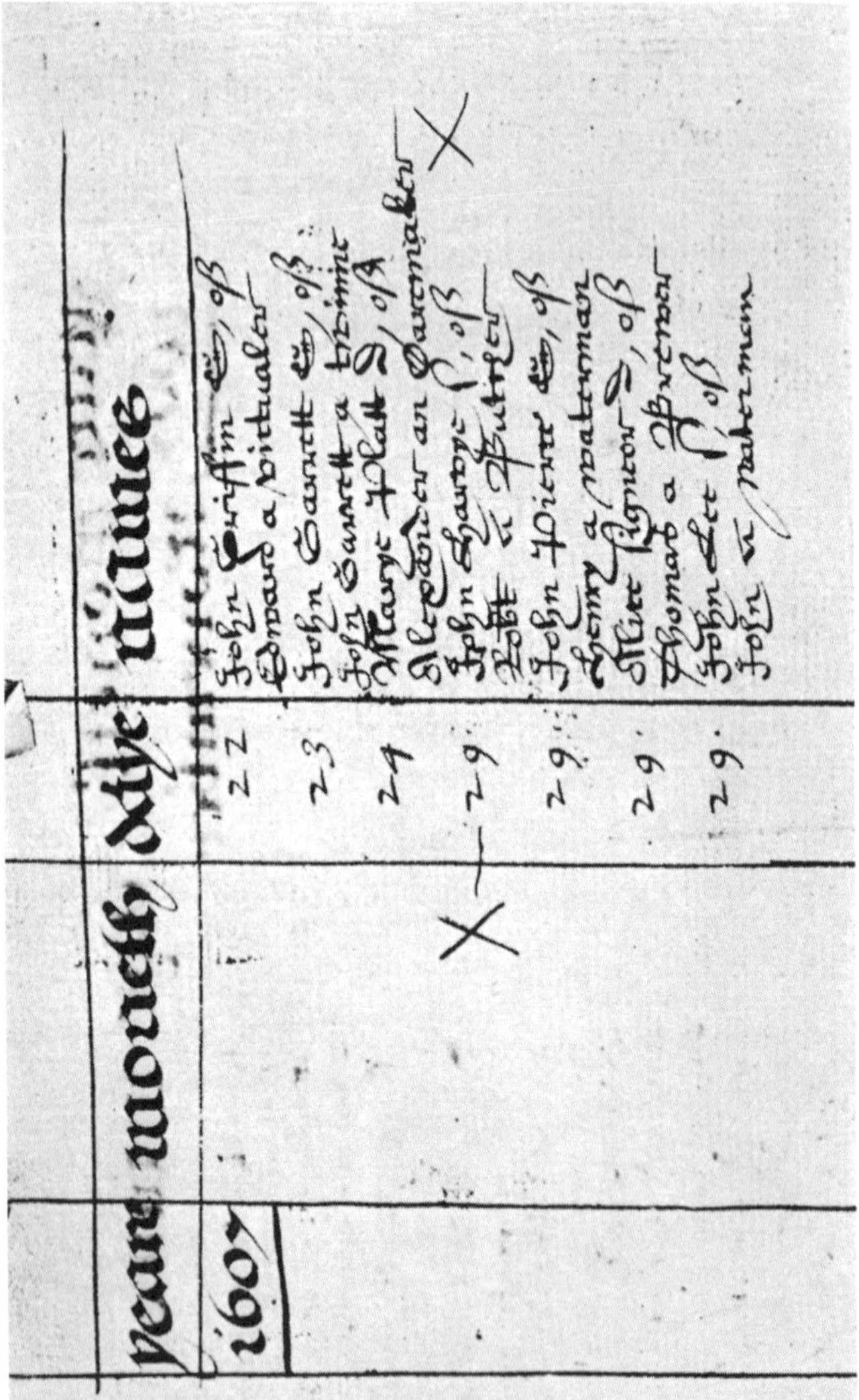

②ジョン・ハーヴァードの受洗記録

た。一七世紀初期にこの教区で生まれた「ジョン・ハーヴァード」は数人いたが、そのうちのだれが「われらがジョン・ハーヴァード」なのか特定できなかったからである。

なお「ハーヴァード」の名はもちろん多くが'Harvard'と綴られるが、受洗記録にもあるように'Harye'と綴られることもあり、そのほかにも'Haward'、'Hervard'、'Harvy'など合計二〇通りに表記されているという。ハワード、ハーヴェイなどの名は今日でも馴染み深いが、もともとはハーヴァード

③ハーヴァード・チャペル内部

と区別されなかったのであろうか。

サザーク大聖堂にはハーヴァードの功績を讃えた記念スポットが残っている。それはジョン・ハーヴァードの生誕三〇〇年を記念して一九〇七年に設けられた「ハーヴァード・チャペル③」と呼ばれる小チャペルである。その内部の壁にはその功績を讃えた銘版が据え付けられ、そこには

このチャペルは、ウィリアム・フィリップスの呼びかけの下に、ハーヴァード大学の同窓生や有志により、一九〇七年にジョン・ハーヴァードを記念して修復された。④

と書かれている。大聖堂の案内書によれば、現在このチャペルは主に教育活動用に使われている。さらに個人的な瞑想や静謐な祈りにも使用され、週に何度か聖餐《せいさん》式も行われている。また祭壇背後のステンドグラスには

一六〇七年一一月二九日にこの教会で受洗したハーヴァード大学の創立者ジョン・ハーヴァードを記念して。

この窓は第二次世界大戦中に敵の爆撃によって破壊されたが、一九四八年にアメリカ・ハーヴァード大学の同窓生の好意によって再建された。

④ハーヴァード・チャペル内の銘板
（サザーク大聖堂）

⑤サザーク大聖堂のシェイクスピア臥像

と記されている。「敵」とはドイツ軍のことであろう。また堂々たるアーチや聖櫃は一九世紀のゴシック復興派プージンの作になるものである。

ハーヴァード一家はこの教会と非常に関わりが深い。ジョン・ハーヴァードの父ロバート・ハーヴァードはこの地区の有力者で、教区委員や教会付属のグラマースクールの理事も務めていた。一六一四年、サザークの二四人の教区民は、国王ジェイムズ一世からセント・セイヴィア教会を購入したが、ロバートもその一人であった。

のちに一家の大黒柱ロバートがペストで亡くなってからも、残された家族は特にこの教会の牧師モートン夫妻と非常に懇意にしており、後述するように、ジョン・ハーヴァードがケンブリッジ大学に進学する際に力を借りている。さらに母カサリンとジョンの弟トマスは、それぞれの遺言の執行人にモートン牧師を指名している。

ところでサザーク大聖堂には、片肘をついて横たわる石膏製のシェイクスピアの臥像《がぞう》も置かれている⑤。また像の上に設置されたステンドグラスに描かれているのは、文豪の名作に登場するロミオやハムレットなどである。それは文豪と、その弟で役者のエドマンド・シェイクスピアの兄弟も、この教会と密接なつながりを持っていたからである。それだけでなく、後に述べるように、彼らはロバート・ハーヴァード夫妻とも重要な関わりを持っている可能性が強い。

ハーヴァードの生家

ハーヴァード家の先祖は、少なくとも一六世紀初めからサザークで肉屋を営んでいたらしい。モリソンに従えば、「ロンドン市民の肉屋トマス・ハーヴェイが一五〇五年にサザークのセント・オレイヴ教区に住んでいた」という記録があるが、この「トマス・ハーヴェイ」がハーヴァードの先祖とみなされるからである。また一五九六年に「ジョン・ハーヴァード」なる人物がモスクワ会社の冒険商人グループの一員として記録されているが、モリソンはこの人物がジョン・ハーヴァードの祖父か伯父である可能性が高いとしている。

ロバート・ハーヴァードの経歴については不明な点が多いが、生年は一五七六年頃と推定される。ロバートは少年時代をセント・セイヴィア教区の東側に隣接するセント・オレイヴ教区の、ピーター・メドゥカフという織物職人の徒弟として過ごした。親方は一五九二年夏に作成された遺言で「私の養っている少年ロバートが二一歳になったら五ポンド与える」旨書き残している。シェリーはこの「養っている」という表現から、ロバートが孤児であった可能性を示唆しているが、いずれにしてもそのころのロバートは一六歳くらいである。その徒弟にかなりの額を遺贈することに決めたのは、ロバートがよほど誠実な働きぶりをみせており、また信望が厚かったからだろう。

一五九七年、おそらく親方から遺贈された金を主な元手に、二一歳のロバートはハイ・ストリートの一隅に肉屋を開業する。店のあった場所は胡椒横丁といい、現在大聖堂の横にある鉄道橋の下あた

⑥現在のサザーク（左）とキングズ・ヘッド跡（右）

⑦ジョージ・イン（サザーク）

りであった。前述の遺言から判断して、ロバートは織物職人としてかなりの年季を積んでいたと思われるが、肉屋への方向転換についての確かな理由は見いだせない。上述の親戚「肉屋ハーヴァード」の子孫が、何らかの事情で家業の継承者を探していたのであろうか。もっともシェリーによれば、当時の若者は往々にして成人して「一人前になる」証しを、自分の事業を興すことで示したという。

この頃サザークには多くの肉屋があり、人口密集地帯のサザークでは過当競争ともいえるほどだったようだ。それでも生来の勤勉さからか、また信頼できる人柄のせいか、あるいは優れた経営才覚の結果か、ロバートの店はかなり繁盛したらしい。まもなくロバートは宿屋の経営も手がけ、これを「クィーンズ・ヘッド」と名付けて営業するようになった。すぐ近くには「キングズ・ヘッド」という宿屋がすでにあったので、それにちなんだのであろう。キングズ・ヘッドがあった場所には現在ヘンリ八世の看板が掲げられている⑥。さらにそこからやや横丁に入った所にあるジョージ・イン⑦という店は、往時の姿をとどめたまま現在でもパブとして営業しており、ナショナル・トラストの支援を受けている。またこれらとチョーサーゆかりの陣羽織亭とは互いに目と鼻の先にある。

こうして経済的ゆとりが生じたロバートは、いくつかの不動産も所持するようになり、かなり裕福な地域の名士となった。宗教上はそのころ増加していたピューリタン会衆派（独立派）に属していたが、近くで行われていた会衆派教会独自の集まりには参加していない。良き説教を聴き、熱心に信仰し、定期的に祈りを捧げることで満足する比較的穏健な立場にいたと推測される。

HISTORIC
THE "QUEEN'S HEAD INN" OWNED BY THE
FAMILY OF JOHN HARVARD. FOUNDER OF
HARVARD UNIVERSITY. FORMERLY STOOD HERE

DUNCAN
103

⑧ジョン・ハーヴァード・
ハウス（右）とその銘板（上）

ハーヴァード一家の住んでいた家は一九世紀末に取り壊され、現在はオフィス・ビルになっているが、このビルの壁には「サザークの歴史建造物・ここにはかつてハーヴァード大学の創立者ジョン・ハーヴァードの一家が所有していたクィーンズ・ヘッド亭が建っていた」と書かれた記念の銘板⑧が付けられている。写真のように、路地にはヤードの名前も残されている⑨。

サザークにはもう一つハーヴァードを記念した建物がある。ロンドン橋を渡って直進方向にハイ・ストリートを一二、三分進むと、左側に「ジョン・ハーヴァード・ライブラリー⑩」という名を冠した図書館が見えてくる。この図書館の裏手には「サザーク地域研究図書館」があり、古地図などサザークの歴史的発展を調べるための資料がかなり保存されている。ジョン・ハーヴァードについてのファイルには、特に二〇世紀前半に書かれたハーヴァードに関する新聞記事が多く保管されている。一九〇七年のジョン・ハーヴァードの生誕三〇〇年を機会に、ハーヴァードを讃えた記念行事が何度か催されたので、それを伝えたものが多いが、その前後の記事も含まれている。

一六〇〇年六月、ロバートはバーバラ・デスィンという女性と最初の結婚をする。この女性の経歴についてはわからない。夫妻は一男一女をもうけたが、男の子は生後まもなく死亡し、娘のメアリだけが成長した。しかし妻バーバラは一六〇三年九月、結婚後わずか三年でペストによって死亡してしまう。その年に大流行したペストの犠牲者の一人となったのである。一七世紀にはたびたびペストが猛威を振るい、多数のロンドン市民の生命を奪い去ったが、これについては後に詳しく述べる。

⑨クイーンズ・ヘッド・ヤード

⑩ジョン・ハーヴァード・ライブラリー

およそ一年半のやもめ暮らしののち、一六〇五年四月、ロバートはストラトフォード・アポン・エィヴォン出身のカサリン・ロジャーズ、すなわちジョン・ハーヴァードの母と再婚する。

ハーヴァードとシェイクスピア

ストラトフォード・アポン・エィヴォンという地名から反射的に連想されるのは「シェイクスピアの故郷」であろう。現在ロンドン・パディントン駅から特急列車で二時間半で到着するこの町⑪は、中世からエィヴォン川⑫を利用した交易の拠点として重要な役割を果たしていた。

駅から二〇分ほど歩くと、まるで中世に彷徨い入ったようなこの小さな町の中心部に到着する。多くの観光客の目当ては、現在では博物館を併設しているシェイクスピアの生家⑬である。そしてここで入手できる「シェイクスピア・ハウス」のパンフレットには、カサリン・ロジャーズの生家「ハーヴァード・ハウス⑭」も紹介されている。

「ハーヴァード・ハウス」は「シェイクスピア・ハウス」から徒歩わずか数分の近所にある。ドア横の銘板には「ハーヴァード大学の創始者ジョン・ハーヴァードの母カサリン・ロジャーズの家⑮」と書かれている。

この家は一五九六年、カサリンの父トマス・ロジャーズによって建てられた。家の正面の柱に施された装飾彫刻は、その当時、町で最も凝ったものだったという。現在でも木製の牛の頭の彫像などを

⑪ストラトフォードの街並

⑫エィヴォン川

⑬シェイクスピア・ハウス

⑭ハーヴァード・ハウス
（ストラトフォード）

⑮ハーヴァード・ハウスの銘板

見ることができるが、これはロジャーズの主な生業が牛肉の販売であったことを示している。またロジャーズは手広く麦芽商や牧畜業も手がけていた町の有力者で、参事会員も務めていた。カサリンはその一三番目の子であった。

ハーヴァード大学にちなんで今日星条旗が掲げられているこの家は、一八世紀以後繰り返し転売され、所有者も次々と変わった。けれども一九〇九年にアメリカの富豪エドワード・モリスによって購入されると、まもなくハーヴァード大学に寄贈された。この家の管理権は一九九六年にナショナル・トラストに移行され、内部の展示は二〇〇一年に大幅に改められた。

ハーヴァード・ハウスは現在イギリス・ピューター博物館としても利用されている。ピューターとは錫《すず》を主体にした合金で、白目製器物ともいわれ、主に食器に用いられる。展示物はアレックス・ネイシュという人の寄贈したコレクションをもとにしたものである。ここにはローマ時代のものとされるものからのさまざまな時代のピューターが展示されている。このほかにアメリカ関係の展示物もあり、夏期に限って一般に公開されている。

ハーヴァード家とシェイクスピア家を結ぶ興味深い接点が考えられている。手袋の製造を中心にした皮革業を営む町の有力者の家に生まれたシェイクスピアは、同じく有力者であった近所の住人トマス・ロジャーズと懇意にしていた。のちにロンドンに出たシェイクスピアか、もしくはその弟の俳優エドマンドがサザークのグローブ座⑯などで活動しているとき、何かの機会、おそらくはセント・セイヴィア教会での集いで、やもめ暮らしをしているロバート・ハーヴァードのことを知った。そこで旧知のロジャーズにロバートを紹介し、その娘との縁談を発展させたというものである。

青雲の志を抱いたシェイクスピアがいつロンドンに発ち、ロンドンでどのような生活をしていたかについては不明な点も多い。しかし通説では、一五八七年ころ八歳年上の妻アンと三人の子供を故郷に残して都に旅立ち、一五九二年にはすでに役者兼劇作家として認められていたといわれる。

「職住接近」を好んだシェイクスピアは、九七年頃から一六〇四年頃までグローブ座近くのクリンク特別自由区に住んでいた。ちょうどロバート・ハーヴァードがサザークに肉屋を開業した頃、シェ

⑯サザークのグローブ座

イクスピアも近所に住むようになったのである。

クリンクはセント・セイヴィア教会西隣のテムズ川沿岸区域であるが、売春宿や居酒屋の密集する歓楽街で、サザークでもひときわ猥雑な地区であった。ここに住みながら多くの傑作を完成させたシェイクスピアは、社会の底辺にうごめく人々の悲喜こもごもの人生模様を眺めつつ、それらを自らの創作の中に昇華させたのであろう。事実、いろいろな作品の随所に、ここでの生活でヒントを得たと思われる表現が登場するという。

エドマンドはジョン・ハーヴァードの生誕と入れ替わるかのように、一六〇七年の大晦日にこの世を去ったが、埋葬されたのはセント・セイヴィア教会であった。その冬のロンドンはまれにみる寒さで、テムズ川が凍り付いていた。弟の葬儀に際し、シェイクスピアは異例とも思える高い費用（二〇シリング）をかけて弔鐘を鳴らしている。

弟が死去したとき、シェイクスピアはすでにサザークから転居していて、ロンドン北西部シルヴァー・ストリートにあったクリストファー・マウントジョイという頭髪飾り職人の家に寄宿していた。転居したのは一六〇四年頃とみなされる。この職人との奇妙な関わりについてはやがて述べるが、高い葬儀費用をかけてまでわざわざセント・セイヴィア教会に埋葬したことは、この教会との深いつながりを示している。

また、サザークのロバート・ボワーズという歴史家が、一九一六年七月一七日付である会報に寄稿した記事によれば、ロバート・ハーヴァードはセント・メアリ・オーヴェリ教会の教区委員を務めていたが、シェイクスピアの友人で劇場経営者にして俳優のエドワード・アレンとフィリップ・ヘンズロウとも旧知であったので、シェイクスピアと知り合いでもあった。その縁で、両者はストラトフォードまで一緒に往復の旅をしており、ロバートをカサリンに紹介したのがシェイクスピアであることは疑問の余地がないとまで言い切っている。またそれを裏付ける記録があるともいうが、記事の中ではその明確な史料的根拠は示されていない。

シェイクスピアと故郷

妻子を残して二〇代前半で故郷を発ったシェイクスピアであるが、決して故郷と決別したわけではなかった。一七世紀の伝記作者オーブリーが「シェイクスピアは年に一度は故郷に帰省するのを常としていた」と記しているように、シェイクスピアが何かと故郷との絆を保つことに意を尽くしていたことは、多くの証拠から明らかである。

同郷の友人も大切にしていたようだ。一五九三年から九四年にかけて古代ローマの叙事詩人オヴィディウスの作から翻案した物語詩『ヴィーナスとアドニス』と『ルクリース（ラテン名ルクレティア）の陵辱』が創作された。これらは予想外の好評を博し、特に前者は一六版も重ねる異例のベストセラーとなった。そしてこれらの作品の印刷を担当したのは、シェイクスピアの同郷人で、ロンドン・ブラックフライアーズに店を構えていた印刷業者リチャード・フィールドである。

また、シェイクスピアは故郷での資産形成にもぬかりがなかった。一五九七年にはストラトフォードで二番目に大きいニュープレイスという大邸宅を三〇ポンドで購入している（この額は税金対策のためで実際の価格はずっと高かったともいう）。この家は三階建てで暖炉が一〇もあり、破風も五つあった。

さらに一六〇二年にはストラトフォード近郊に四〇ヘクタールあまりにも及ぶ広大な農地を三二〇ポンドで求めているし、一六〇五年七月には「ストラトフォード近辺の三つの村の農産物に対する十分の一税の半分の徴収権、および全ストラトフォード教区の零細収穫物の十分の一税徴収権を借り受けるために四四〇ポンド支払う（大修館書店『シェイクスピア大事典』による）」契約を結んでいる。

活躍していたロンドンにおいてではなく故郷に蓄財の場を求めたことは、いずれ都会の喧噪を離れて故郷に隠遁して暮らすつもりでいたのであろう。また、郷里の町と密接に連絡を取って詳細な情報を得ていたからこそ、思い切った買い物もできたのであろう。

ところでシェイクスピアは一六〇四年七月、ストラトフォードのフィリップ・ロジャーズという薬種商に対し、麦芽を売った代金の未払い金三五シリング一〇ペンスと、損害賠償一〇シリングを合わせた四五シリングあまりの支払いを求めて、記録裁判所に訴えを起こしている。この裁判の結果はわかっていないが、四大悲劇の一つ「オセロー」はこのころ書かれたらしい。ムーア人の王を主役にした壮大な悲劇を構想しながらも、経済基盤だけはしっかり固めていたようだ。

ただ、シェイクスピアが特別にお金への執着心が強かったわけではない。年収二〇〇ポンドの高額所得者が、わずか四五シリングくらいで訴訟を起こすなど、あまりに吝嗇《りんしょく》にすぎるのではないかとの見方もあろう。しかし当時こうしたことはごく普通のことで、その他にもシェイクスピアが何度か金銭がらみの訴訟を起こしていたことが確認されている。

シェイクスピア研究の権威の一人シェーンボームによれば、シェイクスピアが訴えたこの「ロジャーズ」はハイ・ストリートとチャペル・ストリートでエールを売っていた。カサリン・ロジャーズの実家「ハーヴァード・ハウス」もハイ・ストリートにある。また、二〇世紀初頭に出されたチャールズ・エルトンの『シェイクスピア―その家族と友人』という著書によれば、フィリップ・ロジャーズはトマス・ロジャーズの親戚であるという。代理人を通してこの係争に関わった可能性も捨てきれないが、シェイクスピアが一六〇四年の夏に郷里を訪れたことは大いに考えられる。

訴訟を起こした相手の一族の娘を、知人の男やもめに紹介するのは不自然に思われるかも知れない。現代日本の感覚からすれば、こうした場合、両者が絶交状態に陥ることも多いのであろう。けれども、この点でも「先例」がある。

上にも述べたが、シェイクスピアは『ヴィーナスとアドニス』などの出版を同郷人フィールドに依頼した。ところが、このフィールドの父ヘンリは、かつて大麦の売買に絡む案件でシェイクスピアの父ジョンに訴えられている。それにもかかわらず、ヘンリ・フィールドとジョン・シェイクスピアはその後も友好関係を結び、一五九二年にヘンリ・フィールドが亡くなったとき、ジョン・シェイクスピアは彼の財産査定などに力を貸している。シェイクスピアによる前述の印刷依頼はその直後である。

彼らに決定的な感情のもつれがあったならば、関係の修復はならなかったであろうし、息子同士がロンドンで深いつながりを持つこともなかろう。このころの訴訟というのは、ごく日常的に、公平な立場の第三者にお互いの言い分を判断してもらって裁決を頼み、感情面であとを引くことは少なかったのであろう。それとも「乾き」の早い国民性からなのだろうか。

縁談を取り持ったシェイクスピア

一方、シェイクスピアには縁談を取り持ったことが、正確にいえば、結婚話を進めるために説得役を依頼された「実績」が少なくとも二度あるとみなされる。一つは一五九〇年代初めに生じたある青年伯爵と有力貴族の孫娘についての縁談話、もう一つは前述の下宿していた家で一六〇四年頃に生じた頭髪飾り職人の娘と徒弟についてのものである。

最初の話は前述の作品『ヴィーナスとアドニス』と関連する。この作品は、早世した父に代わって名門サウサンプトン家を継いでいた一九歳の青年伯爵ヘンリ・リズリーに捧げられている。この貴公子リズリーは類い稀な教養と美貌でその名を知られていたのであった。

『ヴィーナスとアドニス』が完成する数年前、若いリズリーに対し、彼の後見人であるバーリー男爵ウィリアム・セシルから縁談話が持ち込まれていた。セシルは四〇年間も女王エリザベスの側近として政務を担当し、宰相を務めたこともある政界最有力者の一人であった。リズリーは八歳で父を亡くして爵位を継承していたので、その時から何かと年少の伯爵の世話や助言をしていたのであった。そして、この度は目をかけていた青年伯爵に自らの一五歳の孫娘を娶《めと》らせようと画策したのである。ところがなぜか、青年伯爵は恩人がもたらしてくれた折角の縁談に気が進まなかったようである。そのため、この縁談に乗り気であった伯爵の母メアリは、息子の思いがけない反応に困惑していた。そこでシェイクスピアにそれとなく息子を翻意させるように依頼し、その結果シェイクスピアは『ソネット』の最初の部分、美青年に結婚を勧める行を通じて、その母の意向に応じたというものである。

例えば、『ソネット』の冒頭部分、第三番は次のように謳われている。

鏡を見て写る顔に言いたまえ
「丁度今はその顔が別の顔をつくるべき時だ」と
その顔はもう一度若くつくりかえないと
君は人を欺き、或る母親を不幸にするのだ。
（中略）

君は君の母親の鏡であるから
彼女は君の中に自分の盛りの時の美しい四月を呼びもどす
君も老いた時皺があっても老いの眼に
このいまの君の黄金時代が見えるのだ。
生きている間に君を記念する子孫を残さないで
ひとりぽっちで死ぬと君の面影が君とともに死んでしまう。（西脇順三郎訳）

要するに「お母様を不幸にせずに、早く結婚しなさい。せっかく君はお母様の美貌を受け継いでいるのだから、今こそ君も自分の美しさを継ぐ子孫を残すべきである」というわけである。

もっとも、『ソネット』の解釈には今日でも定説がない。先のシェーンボームは、批評家の過半数は上のように解釈していることを認めつつも、この作品を青年貴族リズリーの結婚話と結びつける見解には慎重であり、態度を保留していることも付け加えねばならない。

また、もう一つの話は次のようなものである。

前にも述べたように、シェイクスピアは遅くとも一六〇四年にはサザークから転居し、クリストファー・マウントジョイという頭髪飾り職人の家に寄宿していた。この職人はフランスからやってきたユグノー亡命者であるという。フランス国内の宗教戦争であるユグノー戦争は一五九八年に終結しているので、この職人はおそらくそれ以前にロンドンに亡命してきたのであろう。ユグノーはフランスのカルヴァン派で、イングランドではピューリタンに相当する。

この職人の娘は、シェイクスピアが下宿していたころ、やはり家に住み込みで働いていた徒弟のベロットと結婚した。ところが八年後、ベロットは結婚の際に約束された持参金が支払われていない旨を申し立て、義父マウントジョイを訴えたのであった。

この裁判の調書によれば、徒弟のベロットは親方から切り出された結婚話に初め尻込みしていた。しかし、マウントジョイ夫人が下宿人のシェイクスピアに後押しをお願いしたので、ベロットは持参金をもらうことと主人の死後は遺産を分与されることを条件に、結婚を承諾したのだという。ところが、結婚後ベロットが義父の意図に反して独立する構えをみせたことから両者は対立し、前述のような訴訟に発展したというものである。

そこで結婚の経緯を知る重要な「証人」として、すでに故郷のストラトフォードで暮らしているシェイクスピアが喚問されたのであった。ちなみにシェイクスピアは約束された持参金の額や遺産分与の話をはっきり覚えておらず、裁判の行方を決定的に左右するような「証人」としての役割は果たせなかったという。また裁判結果についても明らかになっていない。

肉屋のリンク

こうしてみる限り、人類史に燦然《さんぜん》と輝く大文豪は温厚で世話好きな性格だったらしい。人から何かを頼まれれば快く応じる性格だったのであろう。特に、名門貴族の末亡人からの依頼にも、一介の職人からのものにも分け隔てなく応じていたとすれば、珠玉の作品群だけでなく、人間的にもスケールの大きさを感じ取ることができよう。

この伝で行けば、何かにつけて出入りすることの多かったサザークの教会で、顔見知りのロンドンの肉屋と故郷の肉屋の娘を結びつけたとしても不思議ではない。事実、一七世紀の著名人について解説した前述の『名士小伝』の作者オーブリーは、シェイクスピアを「かっこいい美男子で、人付き合いも大変よく、当意即妙の機知にも富んでいる」と評している。

ところでオーブリーは「ウィリアム・シェイクスピア氏の父親は肉屋であった」とも述べ、さらに、「当時、同じ町にはもう一人肉屋がいて、そこにも才能がいささかもウィリアムに劣らないと思われた息子がおり、ウィリアムと年頃が同じで、友達でもあったが、若くして死んだ。」とも記している。

「同じ町の肉屋」とはロジャーズか、もう一軒のレイフ・コードリーである。当時ストラトフォードには町の認可を受けた肉屋がこれら二軒しかなかったことがわかっているからである。ただ、「シェイクスピアにも劣らない才能の」この「友達」がだれなのかは不明であるし、オーブリーがなぜシェイクスピアの実家を肉屋と間違えたのかもはっきりしない。先のエルトンによれば、「シェイクスピアは少年時代に肉屋で徒弟修業をした」と思われたこともあったという。動物や家畜を扱うことでは共通するので、皮革業を食肉業と間違えられたのであろうか。

ともかく、ロバートが先妻を失った時期は、シェイクスピアが最も精力的に珠玉の作品群を生み出していた時で、その主な活動場所はサザークである。セント・セイヴィア教会に出入りしたり、そのそばにあるロバート経営の肉屋に立ち寄って肉を買い、人なつこく話しかけたりしたことは十分考えられる。世話好きの性格ならば、知人である若い肉屋が妻を早く亡くしたことを知って、自分の故郷の親しくしていた肉屋には未婚の娘がいて結婚相手を探している旨を伝えたことも考えられる。

こうした状況を踏まえてのことであろう。「ハーヴァード・ハウス」の案内パンフレットには次のように記されている。

一六世紀末のロンドンの見世物はサザークに集中しており、ロバート・ハーヴァードがウィリアム・シェイクスピアと弟のエドマンドの兄弟を知っていた可能性はかなり高い。ロバートが、一六〇五年四月八日にホーリー・トリニティ教会で結婚式を挙げた二度目の妻と出会うことができたのは、シェイクスピア兄弟の手引きによるものであったのであろう。

他の状況証拠

しかしモリソンは、話としては面白いができ過ぎているようにも思えるこのような見方に対して懐疑的である。こうした話はハーヴァードの伝記作者シェリーの想像力の産物であり、実際には肉屋ロバートが商売上の理由で牛の買い付けにストラトフォードを訪れ、その際にロジャーズと知り合って、娘のカサリンとの結婚話が生じたのであろうと推定している。確かに決定的な史料の裏付けがない限り「シェイクスピアが結びつけたハーヴァードの両親」と断ずることはできない。今までのところ、確証を与える史料は見つかっていない。

それにしても、ハーヴァードがシェイクスピアとリンクしているのではないかと思わせる状況証拠は他にも挙げられる。

まず、ハーヴァード家とストラトフォードとの接点が見当たらないこと。当時ロンドン・サザークからストラトフォードまでは、徒歩の場合、片道四、五日の行程である。旅の途上では危険も多かったこの時代、牛の買い付けのためだけにそこまで行く必然性はあるのだろうか。ストラトフォードのあるウォリックシャーはモルト（麦芽）の産地としては有名であったが、上質の牛肉が評判となっていた形跡はない。シェリーによれば、当時のロンドン商人たちは近隣の商家から花嫁を迎えることが多かったという。

次に、シェイクスピアの弟エドマンドが若くして亡くなり、セント・セイヴィア教会に埋葬されたことは先に述べたが、この弟は文豪よりも一六歳年下であった。カサリン・ロジャーズはエドマンドよりもさらに四歳年下だが、近所同士で幼なじみであった可能性は十分考えられる。のどかな田園地帯から喧噪渦巻く都会に嫁いでいく女性にとって、馴染みある同郷人の存在は何かと心強いものがあったであろう。

さらに、次節でみるように、ロバート・ハーヴァードにはウィリアムという息子が二人いた。不幸にも二人とも生後まもなく死亡したが、ロバートは何らかの理由で「ウィリアム」という名にこだわっていたので二度も同じ名をつけたのであろう。それは夫婦が出会うきっかけを作ってくれた「ウィリアム」・シェイクスピアを暗示していると考えるのは解釈の加えすぎであろうか。もっとも、ほぼ同時代の「ウィリアム」・ハーヴェイや「ウィリアム」・アダムズらをまつまでもなく、この名はきわめてありふれているので、親族のだれかに因んだものか、また単なる偶然だったのかも知れないが。

いずれにしても、一六〇三年夏のロンドンでペストが猖獗《しょうけつ》を極め、それによってロバートの最初の妻が死亡したことは事実である。その頃シェイクスピアは何度かロンドンと故郷を行き来している。そして、まもなくロバートはシェイクスピアの同郷の女性と再婚した。

こうしたことから判断して、両者が単なる知り合いであったばかりか、シェイクスピアがロバート・ハーヴァードの二度目の結婚を取りもったことは十分考えられよう。もしシェイクスピア兄弟がロジャーズを紹介しなければ、ジョン・ハーヴァードは生まれてこなかったかもしれない。「シェイクスピアなくしてハーヴァードなし」とするのも飛躍とは思えない。

ハーヴァードの家族

二九歳のロバートと二一歳のカサリンは、一六〇五年四月八日、先に述べたようにストラトフォードのホーリー・トリニティ教会で結婚式を挙げた。少なくともロバート自身が新しい妻を迎えるためストラトフォードに足を運んだことは疑いない。現在この教会はシェイクスピアが埋葬されていることで知られている。ここにも接点があるのである。

ともかくも、再び新妻を迎えたロバートは家業にいっそう精を出し、若い妻は実家と同じ肉屋の仕事を今度はロンドンでかいがいしく手伝ったことであろう。カサリンは八人の子供をもうけたが、特に結婚後八年間で六人産んでいる。教区の受洗記録と埋葬記録を整理したハーヴァード大学ピューズィ図書館に収められている文書によれば、ロバート・ハーヴァードは以下のように、最初の妻バーバラとの間にもうけた二人（＊印）を合わせて合計一〇人の子供を授かった。彼らの子供は産まれた順に次のようになる。

洗礼名	受洗年月日	埋葬日	死亡時の年齢
＊メアリ（女）	一六〇一年五月三一日	二五年七月二二日	二四

＊ロバート（男）	一六〇二年七月一五日	〇二年八月二日	〇
ロバート（男）	一六〇六年九月三〇日	二五年七月二六日	一八
ジョン（男）	一六〇七年一一月二九日	三八年九月一四日	三〇
トマス（男）	一六〇九年一二月三日	三七年五月五日遺言検認	二七
ウィリアム（男）	一六一〇年一一月一日	（誕生後まもなく死亡）	〇
カサリン（女）	一六一二年九月二七日	二五年八月一日	一二
アン（女）	一六一三年一二月一二日	（誕生後まもなく死亡）	〇
ピーター（男）	一六一五年四月二日	二五年八月二〇日	一〇
ウィリアム（男）	一六一九年三月一六日	（誕生後まもなく死亡）	〇

これらからもわかるとおり、男児三人と女児一人は生後まもなく死亡した。先妻の子メアリを加え、乳幼児期の困難を乗り切って成長したのは六人であるが、この子供たちと夫妻の八人家族は一六二五年までは幸福に暮らしていた。しかし上の記録から、全員きわめて短命に終わっていることがわかる。当時はこのようなことも決して珍しくなかったのであろう。

一六二五年の時点で、一八歳になっていた長男のロバート・ジュニアは家業を継ぐことを、一七歳の次男ジョンは牧師を、一五歳の三男トマスは織物職人を志望していた。一〇歳の四男ピーターはグラマースクールに通っていたのであろう。二四歳のメアリと一三歳の次女カサリンは母の手伝いをしていたと思われる。生後間もない子を三人失ったとはいえ、当時の乳幼児死亡率の高さを考えれば、ロバートとカサリン夫妻にとって、ここまでの二〇年間はほぼ順調な家庭生活に思われたであろう。

ハーヴァードの少年期

少年期のジョンの生活についてはほとんどわからない。この時期のハーヴァードに直接結びつく史料は皆無だからである。したがって、ここでも当時の一般的な教育事情を考察しながらハーヴァードの受けた教育について推測することとする。

他の兄弟と同じく七歳ころから、すなわち一六一五年の初めころから、父のロバートが理事をしていた地元のセント・セイヴィア教会付属のグラマースクールに通ったことは確実とみられる。ちょうどこの前年、父のロバートが他の二四人の教区民とともにセント・セイヴィア教会を購入している。この学校の生徒は一〇〇人を超えることはなく、入学するには教区民の子弟が優先された。

イングランドの中等教育はすでにテューダー朝末期からかなりの発展をみせていた。一六〇〇年までには、国内のどの地域にいても、カレッジに入学を希望する者はそれに相応しい教育を家の近くで受けられるようになった。新興中産階級の人々の教育熱が高まったからである。授業料や食費がほとんど無料になった地域や、寮費まで提供される給費生が多数いた地域もあった。ただし、ジョン・ハーヴァードは、教具の入った鞄を携えながら、毎日徒歩一〇分あまりかけて旅籠の居並ぶハイ・ストリートを通ったことであろう。

夏期の日課は、昼休みの二時間を挟んで、午前六時から午後六時まで、冬期は午前七時から午後五時まで行われた。北緯五〇度を超えるロンドンの冬は、もともと日が短い上に雨天や曇天となることが多い。朝方でも明るくなるのは八時過ぎ、午後は四時前には暗くなってしまう。生徒は冬場はろうそく持参で勉学に励んだという。

ハーヴァードの通ったグラマースクールはレベルが高かったと推測される。入学後スムーズにラテン語の初歩が学べるように、入学以前にすでに英語の読み書きができることが求められていた。授業料は二シリング六ペンスと決まっていて入学時に校長に支払ったが、それ以外の小遣いを持参することは禁止されていた。

グラマースクールでの詳細な学習内容はわからないが、新しく訳されたジュネーヴ版の聖書を用いての講読と解説、いっそう進んだ英語の読み書き、文法、古典、ラテン語など、当時一般的に行われていた教育からすればかなりレベルの高い教育が行われていたとみなされる。なお、のちにジョンの蔵書から『イソップ物語』が見いだされている。

ジョンはそこに在学中、どのような世界の動きを知らされたであろうか。ヴァージニアに渡った入植者のその後、東インド会社の活動と、短期間日本の平戸に設けられた商館の存在、三十年戦争の勃発、ガリレオの地動説などの噂は伝えられていたであろうか。また、一六二〇年にはピルグリム・ファーザーズがメイフラワー号でアメリカに渡っている。彼らの中には一時サザークで活動していた者も含まれるので、そのニュースがもたらされると、街の大きな話題となったに違いない。

なお、ちょうどジョンがグラマースクールに通っている頃、父のロバートは着々と地元の有力者としての信用を築き上げ、かなりの資産も保持するようになっていた。

ペストの魔手

ところが一家のささやかな幸福は一六二五年夏、突然に暗転する。この年に猖獗を極めたペストの魔手が、ハーヴァード一家にも容赦なく襲いかかった。中世末期の悲しい流行語「メメント・モリ Memento mori」を彷彿とさせるように、死神は一ヶ月余りのうちに一家の父親と二人の息子、二人の娘の家族五人を次々にこの世から奪い去ってしまった。死因はペストではないが、この年には国王ジェイムズ一世も亡くなっている。

その結果、ハーヴァード家に残された家族は母カサリンと、ジョンとトマスの息子二人だけになった。父のロバートは前回の大流行年の一六〇三年（女王エリザベス一世が死去しテューダー朝が断絶した年）に先妻をペストで亡くしているが、今回は自らがその犠牲者となったのである。この年にはペストを避けるためロンドンを離れて疎開した市民も多かったが、ハーヴァード家はなぜか疎開しなかった。あるいは疎開するゆとりもなく感染したのであろうか。

一七世紀のロンドンでは、ペストによる埋葬者が一万人を超える大流行年が四度あった。一六〇三年、一六二五年、一六三六年、一六六五年の各年である。『メトロポリス・ロンドンの成立』によると、それぞれの年の推定総人口、全埋葬者数、ペストによる埋葬者数は次のとおりである。なお、ロバート・ハーヴァードがまだ織物職人の徒弟修行中で、またちょうどシェイクスピアが表舞台に出始めた一五九三年の例も参考までに付け加えておく（下の二段の数字はパーセント）。

ここでの「市総人口」とは一五九三、一六〇三、一六二五の各年がシティと特権地区を併せたもので、一六三六、一六六五の両年はそれらに郊外教区の人口を加えたものである。また、埋葬されなかった死体もあるので、死者の実数はここに示された数字よりかなり多いであろうとの推定もなされている。一説によれば、六五年のペストの犠牲者は一〇万人に及んだという。

年度	市総人口	全埋葬者	ペスト埋葬者	ペスト／総人口	ペスト／埋葬者
一五九三	一二五〇〇〇	一七八九三	一〇六七五	八・五四	五九・六六
一六〇三	一四一〇〇〇	三一八六一	二五〇四五	一七・七六	七八・六一
一六二五	二〇六〇〇〇	四一三一二	二六三五〇	一二・七九	六三・七八
一六三六	三一三〇〇〇	二三三五九	一〇四〇〇	三・三二	四四・五二

一六六五	四五九〇〇〇	八〇六九六	五五七九七	一二・一六	六九・一四

ペスト流行の時期と地域

ペストといえば百年戦争中の一三四八年から四九年にかけて全欧的に大流行し、西欧人口のおよそ三分の一が失われたという史上最悪ともいえる病魔の跳梁が有名である。しかし、それ以後もペストはほぼ毎年のようにヨーロッパのどこかで発生していたといわれる。他の都市の例に漏れず、ロンドンでもペストによる災禍はずっと続いていた。どのような疫学上の因果関係が厳密に絡むのかは定かではないが、流行する年が間歇《かんけつ》的にやって来ては、集中して多くの犠牲者を出した。例えば一六〇三年などは、埋葬者の八割近くがペストによるものであったことは表のとおりである。

季節としてはやはり夏が最も危険な季節であった。前掲書によれば、一般にペストは六月ころから発生し始め、七月から一〇月にかけてが流行のピークであった。ハーヴァード家の例をとっても、七月二二日に長女メアリが最初の犠牲者となって埋葬され、八月二四日に父ロバートが最後にそれに加わるまで、およそ一ヶ月の間に家族五人が犠牲になっている。

ペストに感染した場合の死亡率が相当高いことは間違いない。ふつう腺ペストの死亡率は四〇%といわれる。ということは、感染したが死には至らなかった者が全感染者の六〇%、すなわち死亡者の一・五倍いることになる。この計算で一六二五年を例にとれば、推定で総人口の三割以上がペストに感染している。同様に一六〇三年では実に四四％にも達する。

腺ペストの症状は突然の高熱に悪寒、頭痛や筋肉痛などである。細菌の侵入による皮下出血で全身に斑点が生ずるので、中世では「黒死病」といわれて恐れられたことは周知のとおりである。一旦感染すれば、運良く死を免れたとしても、健康体に回復するにはある程度の時間が必要であろう。これだけの市民が感染すれば生産活動や日常業務に甚大な支障をきたすことは疑いない。

ペストは時間的に特定の年に集中しただけではなかった。空間的にもある場所に集中する傾向があった。ペスト菌はネズミに寄生するノミによって媒介される。ゆえにネズミの繁殖しやすい地域はそれだけペストが流行する危険性も高くなる。中でもサザークはネズミの増殖しやすい環境にあった。人間にとっては汚く不潔な場所がネズミにとってはしばしば最も好条件の繁殖場所となる。不潔とは生ゴミや食べカスが多く、微生物や虫が発生しやすいことをいうのであろう。それらがネズミの餌となる。したがって、サザークのような低所得者層の多い人口密集地帯では感染率も高かった。

一方で、ロンドン橋の上では家々が密集していたにもかかわらず、ペストによる死者は非常に少なかったという。本章の最初で述べたように、ここに店を出すことができるのはある程度経済的に余裕がある者たちであり、さしずめ現代の高級ショッピング街の趣があった。衛生的にも管理が行き届き、入浴回数も多く、ネズミが繁殖しやすい下水道もなかったので、六五年の大ペストの際にもロンドン橋上の住民の犠牲者はわずか二名であったという記録もある。

サザークがペストの感染率の高かった地域であったことは資料によっても裏付けられている。サザークでのペストによる死亡率は、中心部と比較すると、一六〇三年で一・五倍、一六二五年で一・八倍、一六六五年で二・三倍となっている。ハーヴァード一家の五人が犠牲となった一六二五年のセント・セイヴィア教会の記録には「埋葬場所に二、三〇体の遺体が放置されているが、誰が運んできたか不明」などと記されている。あまりの犠牲者の多さに人々はもはや埋葬する気力も失せたのだろうか。一家が全滅した例も珍しくなかったのだろう。

ロンドン大火災とペストの絶滅

ところで現在サザークからロンドン橋を渡った対岸に「モニュメント」⑰という記念塔が建っている。高さ六二メートル、内部にある螺旋状の階段を昇って行けば頂上の展望台から市内を見渡せる「記念碑」であるが、これは六五年の大ペストの翌年にロンドンを襲った大火災の記念塔である。

一六六六年九月二日、プディング横丁のパン屋の失火から燃え広がった火事は、折からの東風にあおられてほとんどロンドン全体に延焼する大火災となった。焼失した家屋およそ一万三〇〇〇軒、被災者は二五万人だったというから、全ロンドン市民の六割以上が罹災したことになる。ただ、これほどの大火災にもかかわらず焼死者は非常に少なく、その数はわずか六人とも九人ともいわれる。これだけは不幸中の幸いであろう。

⑰モニュメント

俗説によれば、このロンドン大火は結果的にペストの元凶となるネズミやノミをも焼き尽くし、以後ロンドンでのペストの流行は皆無になった。もっとも、この恐るべき疫病がようやく途絶えたのは、大火そのものの効果よりも、ロンドン再建に当たって大火以前の入り組んだ不潔な都市の構造が根本的に改変され、清潔な空間を保った都市として再生されたからである、という説もある。

それでも、大火災がペストの消滅と直結するか否かについては、なお検討の余地があるようだ。サザークや市北東部の地区など、ペスト大流行の中心地は大火災によってそれほどの被害は受けていない。それらの町の有様は大火以前とそれほど変わりなく、相変わらず狭い地域に人口が密集した不潔な地域のままであったからである。ちなみにサザークもほどなく別の大きな火災に見舞われたのであるが。

イギリスのみならずヨーロッパ全般についても、フランスのマルセイユで一七二〇年から発生して市民二〇万人のうちの半数近くを奪い去った大惨禍を例外とすれば、これ以後ペストの大流行はみられないという。だが、ペストこそ消滅したものの、それ以後も天然痘とコレラは相変わらず流行したため、伝染病による死者はなおも多数存在し続けたのである。

母の再婚とそれぞれの道

ロバートの死により、妻カサリンにはかなりの遺産が残されたが、家業の肉屋はジョンの従兄に譲渡されることになった。またロバートは遺言でジョンに「二一歳の誕生日に二〇〇ポンド贈与すること、また（同時期に亡くなった）弟ピーターの遺産贈与分の半分（一〇〇ポンド）を受け取ること」を言い残した。これによりジョンは三年後、計三〇〇ポンドを父から譲り受ける。

それにしても、最初の結婚をした一六〇〇年（東インド会社の成立）、最初の妻が死亡した一六〇三年（エリザベス一世死去・ジェイムズ一世即位）、再婚した一六〇五年（ガイ・フォークスらの火薬陰謀事件）、本人が死亡した一六二五年（ジェイムズ一世死去・チャールズ一世即位）、およびこれらに一家の名を残した次男ジョンの生誕年一六〇七年（アメリカに最初の植民地成立）を加えると、偶然とはいえ、ロバートの人生の区切りはイギリス史上の重大事件が発生した年とよくよく符合するようだ。

死が日常と隣り合わせの時代だったとはいえ、このような突然の受け容れがたい不幸が残された家族にどんな計り知れないダメージを与えたかは想像に難くない。それでも生き残った母カサリンと二人の息子はまもなく別々に新しい人生を歩み始める。すなわちカサリンは再婚し、ジョンはケンブリッジ大学に入学し、トマスは織物職人として奉公し始める。ほんの少し前まで家族八人で団欒していたハーヴァード家であったが、五人が瞬時にこの世を去り、残された三人もまもなく離散することになったのである。

未亡人カサリンが再婚したのはロバートの死の五ヶ月後、一六二六年一月一九日のことであった。再婚相手はジョン・エレッソンという酒屋を営むロンドン市民で、やはりやもめ暮らしをしていた。再婚によりカサリンはミドルセックスに移住したが、このときにはおそらく二人の息子も母親と行動を共にしたと思われる。それを条件に再婚話を受諾したのかもしれない。

カサリンはおよそ五ヶ月間未亡人であったが、皮肉にも新しい夫との再婚生活もわずか五ヶ月であった。再婚相手がまたも死亡してしまったのである。エレッソンはロンドン市内のあちこちに家を所有していたほか、イングランド南部にも土地家屋をいくつか持っていた資産家であったので、再び未亡人となったカサリンには、またしても多くの遺産がつけ加わった。

二七年の冬、ジョンはイマニュエル・カレッジへの入寮を許可されるが、同年一二月一九日の入学記録簿には「ジョン・ハーヴァード、ミドルセックス、一〇シリング（寮費支払）」と書かれている。母のカサリンは、この時点では三番目の夫と結婚しており、再度サザークに戻っていたはずであるが、息子たちはそのままミドルセックスにとどまっていたのであろう。

なお、ジョンの弟トマスは、兄のジョンがケンブリッジに入学したのと同年の二七年頃からウィリアム・コックスという織物職人の徒弟として修業を開始した。トマスはジョンよりも二歳年下であるので、この時点で一八歳くらいであった。父のロバートもかつてトマスと同じ道を歩んで、一六歳くらいのときに親方の遺言によって遺産の一部を分与される約束を受けたことは既述の通りである。それには十分な信用を得るまでの長い下積みがあったと推定される。となると、トマスの弟子入り年齢もかなり遅い。

経済的な側面に限れば、ジョンもトマスももう少し早く自己実現に向かうこともできたであろう。それでも家族の過半数が死亡してから二人の息子たちが個別の道を歩み始めるまでにやや時間を要しているのは、一挙に家族の過半数を失った母が、生き残った息子たちをしばらく自分のそばに引き留めておきたいという希望を示したからなのだろう。

カサリンの再々婚

翌二七年五月、カサリンは三度目の結婚をする。今度の相手は最初の夫ロバートの親しい友人で、サザークの住人リチャード・ヤーウッドという食糧雑貨店の経営者であった。だがこの結婚生活も五年余りしか続かず、三二年秋、カサリンは今回も夫の死に立ち会うことになった。もっとも、ヤーウッドには前妻との間に息子がおり、その息子が浪費家だったため、この度は遺産がほとんど残されなかった。

ところでこのヤーウッド家もハーヴァードと妙な縁でつながっている。

ヤーウッドにはラルフ・ヤードリーという薬剤師をしていた従兄がいたが、このヤードリーは一六一九年から二一年までの三年間と、二六年からの二年間ヴァージニア植民地の総督を務めたジョージ・ヤードリーの父であった。ジョージ・ヤードリーはヴァージニア植民地が形成されて間もない一六〇九年にアメリカに渡ったが、一六一八年に一旦帰国した。そのとき国王ジェームズ一世と謁見《えっけん》している。その際、王は先住民の宗教や風習に大きな関心を示したという。

ヤードリーが総督に就任した直後の一六一九年七月には、アメリカ最初の植民地議会が開催されている。また彼の在任中、イギリスから多くの女性を含む一〇〇〇人以上の移民者が到着したことは、ヴァージニアが本格的な定住社会に移行する転機となった。一方、黒人奴隷がイギリス植民地に最初にもたらされたのもこの時代である。

実はそのころヴァージニアでも先住民をキリスト教に改宗させ、西欧流に教育するための「インディアン・カレッジ」構想が持ち上がっていた。しかし、先住民による植民地人の虐殺事件や、政治的混乱、そしてそれに伴う財政的な問題によって、この構想は結局実現しなかった。そのため、現在のアメリカ合衆国領における「最初のカレッジ」という栄誉はハーヴァードに譲られたのである。

ジョン・ハーヴァードがケンブリッジに入学する直前の一六二七年一一月、ヤードリーは総督に在職したまま死亡する。ヴァージニアでのカレッジ設立計画が頓挫したことを含めて、アメリカ植民地の様子は逐次本国にもたらされたようである。カレッジ設置が望まれながらも実現はなかなか難しいという話が何らかの形でハーヴァードに伝わっていたことは考えられる。草創期のハーヴァード・カレッジでは先住民教育も十分視野に入れられていたが、ヴァージニアでの構想同様、それは当時の新大陸における教育の大きな課題であった。

三度の結婚でいずれも夫に先立たれたカサリンであったが、シェリーによれば、カサリンにはローズという末の妹がいて、一六二一年、おそらくやもめ暮らしをしていたロンドンのウィリアム・ウォードという金細工師に嫁いでいた。ローズは三年後この夫に先立たれたが、まもなく同じ金細工師のラルフ・リーズンという男と再婚し、そのままロンドンにとどまっていた。そのため姉妹の交流は続いていたので、お互いに心の支えとなったであろうと推定している。

◈3 ケンブリッジ大学イマニュエル・カレッジ

ケンブリッジへ

ケンブリッジ市はロンドンのほとんど真北八十数キロメートルの場所に位置している。現在、市の人口はおよそ一〇万人、そのうち大学院生を含む学生が約一万二〇〇〇人、教職員が三〇〇〇人弱である。ロンドン・キングズクロス駅から出発する特急列車（インターシティ）にはノンストップでケンブリッジに向かうものがあり、これを利用すればのどかな田園風景を眺めながら四五分ほどで到着できる。駅から町の中心までは徒歩で二〇分あまり、バスで五、六分程度である。

現代とは比較にならないが、ジョン・ハーヴァードが在学していた一七世紀当時、ケンブリッジにはホブソンという有名な貸馬業者がいて大変繁盛していた。さしずめ現代のレンタカー業者に匹敵しようか。これによってケンブリッジからロンドンまで学生や父兄、来客、郵便などを安全に運ぶことが出来た。当時イングランドの主要道路には「ハイウェイマン」という馬に乗った追い剥ぎが出没していたが、学生は学資や寮費などの現金を携えていることが多いので特に狙われたという。この馬を利用すればロンドン―ケンブリッジ間は約一二時間で移動できた。費用は一〇シリングであった。

ホブソンはおよそ四〇頭の馬を所有していたが、馬を貸すときは厩舎《うまや》のドアに近い方から順番に貸す方式を生み出した。この「ホブソンズ・チョイス」は一七世紀の有名な詩人ミルトンがホブソンの死に際して捧げた墓銘碑にも登場し、「不滅の飛脚」と讃えられている。その性癖は頑固一徹で職人気質が染みついていたという。さらにホブソンは、ケンブリッジからシティ北東部の牡牛亭という旅籠まで、週ごとの往復定期便も開発した。この旅籠はビショップスゲイト・ストリートにあったというから、現在のリヴァプール・ストリート駅あたりであろう。ホブソンは仕事に六〇年以上も携わった後、一六三一年に八六歳で死去した。

周知のように、「ケンブリッジ」は「ケム川」にかかる「ブリッジ」を意味する。ケム川⑱はそれほど幅広いわけではないが、豊富な水量を感じさせる。川の両側に設けられた遊歩道を散策しながら思索に耽ると、とてつもなく壮大なアイデアが浮かびそうな錯覚に陥るのも、ケンブリッジの名前から来る先入観からであろうか。橋の名に「数学橋」などとつけられているのも、この地ならではであろう。

ケンブリッジの町はオクスフォードに比較すれば小規模で、「大学の中に町がある」といわれるオクスフォードに対し、「町の中に大学がある」といわれる。この町も中世以来ケム川を利用した交易拠点から発展した。オクスフォードを離れた教師や学生が集ったのが大学の始まりとされるが、大学

3　ケンブリッジ大学イマニュエル・カレッジ

⑱ケム川（ケンブリッジ）

⑲ケンブリッジ大学

の成立する前からすでにある種の学校が建てられていたと推測される。

ケンブリッジ大学

今日、ケンブリッジ大学⑲には三一のカレッジが存在する。さすがに一部のくすんだ色合いの建物には歴史の重みが感じられるが、どのカレッジも芝生が丁寧に手入れされ、清潔感に溢れている。最古のカレッジは一二八四年に創設されたピーターハウスで、以後三世紀の間に、すなわち一六世紀末までに、一六のカレッジが設けられた。ところが、一七、一八世紀の二世紀間に開設されたカレッジは皆無で、一九世紀になってから再び新設ラッシュとなり、それ以来今日までに一五のカレッジが増やされた。

二〇〇二年度までの統計でノーベル賞受賞者数をみると、ケンブリッジ大学卒業生は七〇人で、出身大学別では世界一を誇る。また教授や研究員としてケンブリッジに在職した者を含めると、その数は八〇人に上る。卒業生や研究者が必ずしもイギリス人とは限らないし、内外の複数の大学を卒業した者も含めての数であるが、イギリス人受賞者が全体で九三人であることを考えると、その数は圧倒的である。

近代のケンブリッジは、「万有引力の法則」のアイザック・ニュートン⑳以来、とりわけ高度な理数系の研究で名高い。進化論のチャールズ・ダーウィン、原子物理学者アーネスト・ラザフォード、現代世界最高の宇宙論研究者と目されるスティーヴ・ホーキングらの卒業生の名は科学の歴史に大きく刻まれている。中でもノーベル賞受賞者を量産しているキャヴェンディッシュ研究所の功績は大きい。大まかに言って「文系のオクスフォード」に対し「理系のケンブリッジ」という評価が定着しているようだ。そういえば、「フェルマーの大定理」を解いたワイルズも卒業生の一人である。

なお、ケンブリッジ大学は二〇〇三年度新学期（一〇月）より、かつての卒業生で従来アメリカのイェール大学学長を務めていたアリスン・リチャード女史を最初の女性副総長として迎えたが、これもケンブリッジの歴史に新たな一ページを加える画期的な出来事であろう。

ケンブリッジははるか昔にオクスフォードから分かれた大学であり、その発足は一三世紀初頭にさ

⑳ニュートン像

かのぼる。通説では一二〇九年一二月、オクスフォード大学のある学生が女性を殺害して逃亡した事件が発生した。そのため市長は官憲を遣わして事件を調査し、逃げた学生と同宿していた別の学生二人を共犯として絞首刑に処した。これらの学生は無実であったともいわれる。この処分に抗議した多数の教師や学生がオクスフォードを去ってパリやレディングやケンブリッジに向かい、結果的にケンブリッジにおけるカレッジの発足につながったという。したがって八〇〇年の歴史を持つ大学ということになる。

中世の大学では「タウン（町当局）とガウン（大学）」の争いがつきものであったが、この話などはその典型といえよう。「ガウン」が自治を認められていたため、「タウン」にとって「ガウン」は治外法権の世界にあったからである。いずれにせよケンブリッジの起源は、かの「マグナ・カルタ」（一二一五年）を承認した失地王ジョンの時代ということになる。同時代の日本は、鎌倉幕府第三代将軍で歌人としても有名な源実朝の治世である。

なお、意外なことに、初期のオクスブリッジの学生には貴族階級の子弟はほとんどおらず、農奴や農奴上がりの小自作農の子弟が多かったという。一四世紀頃から学生の出身階層がやや上がったが、それでも中流自作農や、法官や裁判所書記官などの下級役人の出身者たちが多数を占めた。貴族の子弟がオクスブリッジで高等教育を受けて高級聖職者や高級官僚への道を目指すようになったのは一五世紀になってからである。上流階級が多数を占める時期がしばらく続いた後、一六世紀の後半になって新興中産階級出身の学生が多く入学するが、それでも全体的な傾向としてはオクスブリッジに占める上流階級、すなわち貴族やジェントリ出身者の割合は時代とともに増え続けた。

前章で触れた『カンタベリ物語』の「家扶の話」のなかにもケンブリッジの学生が登場する。もっとも、そこに登場する二人のケンブリッジの学生は真面目な神学生のイメージからはほど遠い。彼らは悪徳粉屋を懲らしめようと、学寮長から馬を借りて勇んでやって来る。その粉屋は粉を挽くときにごまかして穀物や粉をくすねていたのであった。しかし学生たちは粉屋の動きをしっかり監視して現場を押さえるはずが、乗ってきた大事な馬を荒野に放たれてさんざんな目にあってしまう。だがその腹いせに、粉屋に泊めてもらったのに乗じ、その妻および娘と強引に関係するというものである。この物語は一四世紀末に書かれたようだが、当時のケンブリッジの学生にはこのような輩《やから》もありえたことを反映しているのであろうか。それでも作者の意図は、学生たちの放埒な振る舞いよりも、腹黒い粉屋の悪事を成敗することに重きを置いているように思える。

オクスフォードでもケンブリッジでも、一七世紀前半の学問の中心となっていたのは相変わらず中世以来の神学であった。イタリアの大学などで発展していた医学や法学などの学問は、皆無とはいえなかったものの、ほとんど実用的な役割を果たさなかった。イングランドで法学を学ぶ場合、大学とは別に法学院があり、貴族やジェントリ出身の子弟の多くが法曹界や政界に進むためにそこで学んだが、オクスブリッジ両大学に進んだ若者の過半数は聖職者を志望していた。

ハーヴァードの恩人モートン牧師

ジョン・ハーヴァードが入学したイマニュエル・カレッジへの進学を勧め、推薦状をしたためてくれたのは、自身も同カレッジの卒業生で、セント・セイヴィア教会の礼拝堂付牧師を務めていたニコラス・モートンとみなされる。ハーヴァード一家はこの牧師夫妻と非常に懇意にしており、のちの母カサリンや弟トマスの遺言にも彼らへの謝意がみられるからである。

例えばカサリンは、後年作成した遺言で、親友のモートン夫妻に対し「モートン牧師には金三ポンドと柄が銀製のペア・ナイフを、モートン夫人には金の装飾を施したコイフ（頭巾の一種）を」それぞれ遺贈している。また、母の死からおよそ二年後に他界した弟トマスも死の直前に遺言を残したが、遺言の執行人に兄のジョンとモートン牧師を指名しており、自らの葬儀に際してはモートン牧師に説教を依頼するよう、またその謝礼として四〇シリングを渡すように述べている。

モートン牧師はイマニュエル・カレッジで一六一九年に修士号を得たのち、ディキシー基金によってしばらくフェロー（特別研究員）として同カレッジに残っていたが、一六二七年頃セント・セイヴィア教会に着任した。

実はモートン家はハーヴァード一家だけでなく、後年のハーヴァード・カレッジとも不思議なつながりをもっている。ジョン・ハーヴァードがケンブリッジに入学したのは一六二七年であるが、同年、モートン牧師には長男チャールズが誕生した。チャールズは長じてオクスフォードに学んだが、そのころ勃興しつつあった新しい数学や自然学に興味を持ち、ロンドンにあった「見えないカレッジ」という私的研究サークルの一員であった。

このサークルには「気体の法則」で有名なロバート・ボイル、「弾性の法則」のロバート・フック、セントポール大聖堂など数々の著名な建築物を設計したことで有名な、建築家にして天文学者のクリストファー・レンらの錚々《そうそう》たる顔ぶれが集い、イギリスにおける当時の先端科学研究の拠点として多くの新知見に寄与し、「科学革命」に貢献していた。このサークルこそ、しばらく後の一六六二年に成立する世界最初の公的な科学研究機関「イギリス王立協会」の前身である。このサークルの主催者でドイツ系移民のサミュエル・ハートリブが、発足間もないハーヴァード・カレッジとも接点を持ったことは後に述べる。

豊かな学識を買われたチャールズ・モートンは、晩年の一六八六年にハーヴァード・カレッジに招聘《へい》され、主として自然学を講じながら副学長も務めた。彼の著した『自然学概論』は、アリストテレス自然学を土台にしながらもさまざまな当時最新の科学上の学問成果を取り入れたもので、以後半世紀の間、ハーヴァードにおけるこの分野のテキストとして用いられた。ハーヴァード・カレッジの近代的な自然科学研究はモートンを先駆とすると言っても過言ではない。モートン家は親子二代にわたってハーヴァード家とハーヴァード・カレッジの恩人となったようだ。

イマニュエル・カレッジの校風

ケンブリッジ市中心部の停留所でバスを降り、そこから一〇〇メートルほど戻ると道路を隔てて反対側にカレッジの門がある。内部には建物やキャンパス、庭園が広がっているが、それがイマニュエル・カレッジ㉑である。「イマニュエル」とはヘブライ語で「神、われらとともにいます」を意味するという。一六世紀に発足したカレッジの敷地にはもともとドミニコ会修道院が建てられていたが、国王至上法（首長令）が発せられ、そのため修道院が解散させられたので、その跡地が新しいカレッジの用地に充てられた。

カレッジで発行している案内書『ヒストリカル・ガイド』には一五九二年と現在の

㉑イマニュエル・カレッジ

学園図が載せられているが、それらを比較してみると、現在の建物面積は一六世紀末の五倍程度に増えていようか。入口、学寮長宿舎、礼拝堂などの位置は異なっているが、敷地の輪郭はほぼ同じといってよい。ただ、現在では北側の隣接地に別棟が建てられ、地下通路で結ばれている。

一五三四年にヘンリ八世によって国王至上法が発令され、イギリスがカトリックから脱して以後、一六世紀中葉から後半のケンブリッジ大学には四つのカレッジ、すなわち、モードリン、トリニティ、イマニュエル、シドニー・サセックスの各カレッジが新設された。イマニュエルは女王エリザベス一世時代の一五八四年に発足し、ハーヴァードの在学当時はケンブリッジで二番目に新しいカレッジであった。

女王に進言して開校に尽力した人物がピューリタン神学者ウォルター・ミルドメイである。イマニュエル・カレッジの理念は「預言者の学校」たるべきであることとされ、英国国教会に有用な学識ある献身的な聖職者を養成することが目的とされた。卒業後、教区牧師や説教者として活躍することが期待されたのである。

ミルドメイは、エリザベスの異母姉で前女王であったメアリ一世のカトリック復帰政策に辟易していた。「ブラッディ・メアリ」という渾名からもわかるように、メアリ女王が行った反対派への苛酷な宗教弾圧に対する反感から、ミルドメイはカトリックを大変に嫌悪していた。そのころ、一五六二年からフランスで始まっていたユグノー戦争で、フランスからのユグノー、すなわちカルヴァン主義を奉ずる人々が亡命して来ると、これを支援していた。

女王エリザベスの時代になると、その宗教政策は中道的で曖昧さを残したものであったが、イギリスと敵対するカトリック国のフランスやスペインがイギリス国内のカトリック教徒と結託して彼らの勢力伸長を図ろうとしたこともあり、ピューリタンよりはカトリックの脅威に対して神経質になっていた。過激に走らない限り、穏健なピューリタンに対しての激しい弾圧は行われなかった。

イマニュエルは、もともとピューリタンの色彩濃いケンブリッジの中でも急進的ピューリタンの牙城となっていた。そのためイマニュエルには「ピューリタン神学校」という渾名さえつけられた。大学卒業者でアメリカに移民した者のうち八割近くはケンブリッジ出身者であったが、さらにその三分の一以上がイマニュエルという一つのカレッジに集中していたことは、それをよく示している。ケンブリッジのカレッジは一六もあったのだから。ジョン・ハーヴァードもイマニュエルのこのような雰囲気から当然多くの啓発を受けたことであろう。

なお、イマニュエル・カレッジは、当時の大学の中で珍しくプラトニズムが発展を遂げたことでも有名である。こうした思想傾向は「ケンブリッジ・プラトニズム」と呼ばれている。一般に一七世紀の大学は、一部にようやく改革の動きが見え始めたとはいえ、基本的にはさまざまな学問分野でなおアリストテレスに依拠していた。後述するように、ケンブリッジを中退した思想家フランシス・ベイコンや、卒業した詩人ミルトンらは旧態依然のスコラ学的大学教育に批判的である。そのことは、換言すれば、大学にまだまだ講壇アリストテレス主義が強く残存していたことを示している。

したがって、ルネサンス時代からプラトニズムは主として大学外の私的サークルで発展をみせたが、大学内では無視されることが多かった。しかしケンブリッジでは特に一七世紀後半になってプラトニズムが興隆し、中でもイマニュエルはそれが最も盛んなカレッジであった。革新の気風や進取の精神がみなぎっていたカレッジであったからこそといえよう。

イマニュエル・カレッジのチャペル

イマニュエル・カレッジの現在のチャペル㉒はハーヴァードが在学していた当時のものとは異なり、前述の著名な建築家クリストファー・レンが設計したもので、ケンブリッジの名所の一つとなっている。チャペルの内部には八つのステンドグラスがあり、それぞれに二人ずつ聖人やカレッジの功労者が描かれている。これらのステンドグラスは、カレッジが創立三〇〇年を迎えた一八八四年に記念事業の一環として作製された。「ピューリタンの殿堂」とはいえ、一九世紀の末近くともなれば虚飾を排するというピューリタン色も薄れ、ステンドグラスも含めた礼拝堂の装飾を行うことにも抵抗がなくなったとみえる。

このチャペルにはジョン・ハーヴァードを讃え、また偲《しの》ぶものが二つある。一つはチャペルに描かれたステンドグラス㉓、もうひとつはチャペルの入り口脇の小部屋に掲げられた銘板である。また、ジョン・ハーヴァードが寄宿していたといわれる部屋も残っている。

ハーヴァードはイマニュエル・カレッジの初代学寮長ロレンス・チャダートンと同枠のステンドグラスに入れられているが、もちろんその容姿は想像上のものである。ただ、このハーヴァードの姿は同時代の詩人ミルトンを模したものであるという説もある。

それにしても三〇歳で夭折したハーヴァードが、一〇三歳という当時としてはまれにみる長寿を全うしたチャダートンと同枠というのも興味深い。ハーヴァードは巻物を手にして描かれているが、そこにはラテン語で書かれた「POPULUS QUI CRE-ABITUR LAUDABIT DOMINUM（主を賛美

㉒イマニュエル・カレッジのチャペル

3 ケンブリッジ大学イマニュエル・カレッジ

㉓
イマニュエル・カレッジのチャペルにあるステンドグラス
左がハーヴァード

するために民は創造された）」という旧約聖書『詩編一〇二編一八節』の言葉が見える。また膝下には「SAL GENTIUM（地の塩）」と書かれた骨壺が置かれている。

チャダートンはクライスツ・カレッジの出身であるが、前述のピューリタン学者ミルドメイの要請を受け、創設されたイマニュエル・カレッジの初代学寮長に四八歳のときになった。以後八六歳で引退するまで、ハーヴァードの全生涯をも上回る三八年間もその要職を務め、カレッジの学風形成に大きな影響を与えた。それまでの学生には考えられなかったアーチェリー、テニス、ボクシングなどの

㉔ハーヴァード・チャペルの銘板

男性的スポーツを採り入れたのもこの初代学寮長の発案によるものであった。彼は心底ケンブリッジを愛し、引退後も終生ケンブリッジに住み続けたという。

チャダートンは敬虔なピューリタンとして学生に信頼され、大きな影響力を持ったが、ピューリタンに対して厳しかった国王ジェイムズ一世の信望も厚かった。イマニュエルの宗教教育が良からぬ方向に向かっていると臣下から注進された国王は、「そのお方がどっちを向いていようと、神は崇高にして敬虔なお方を見放されるはずがない。」と答えたという。チャダートンは一六一一年版の英訳欽《きん》定聖書の中心的翻訳者でもあった。この聖書は優れたものとして定評があり、以後長期に亘ってイングランドで使用された。

なお、チャペルの入口を入ると左側に小部屋があるが、そこには銘板(24)が付けられ、次のように刻字されている。

　　イマニュエル・カレッジの同窓生で、マサチューセッツ湾植民地に渡り、植民地議会によって創設されたカレッジに資産の半分と蔵書を寄贈し、かの地で一六三八年に死亡した文学修士ジョン・ハーヴァードを記念して。このことにより彼の名はハーヴァード・カレッジに残されたが、最古の神学校であるこのカレッジは、全アメリカを通じて子孫に学問を奨励し、また不滅にしたのである。

ハーヴァードのカレッジ入学

ジョン・ハーヴァードは一六二七年一二月一九日にイマニュエル・カレッジの学寮生として認められた。当時の入学記録簿㉕では「ミドルセックス（出身）」となっているが、これは母のカサリンが、再婚したがすぐ亡くなった二度目の夫の家に、直前まで居住していたことを示しているのであろう。当時は入学試験というものがなく、入学を許可されるか否かはカレッジのチューターに委ねられる部分が大きかった。ただ、ハーヴァードのチューターがだれであったかはわからない。

なお、ジョン・ハーヴァード以前に「ハーヴァード」という名前でイマニュエル・カレッジに在籍した者はいないという。「ハーヴァード」は「ハーヴェイ」と綴られることもあるようだが、「血液の循環の発見」で有名なウィリアム・ハーヴェイはやはりケンブリッジ出身であり、一五九三年にキース・カレッジに入学して四年後には学士の学位を得ている。医学の研究に進んだのはその後イタリアのパドヴァ大学に再度入学してからであるが、両者に縁戚関係は見当たらない。

入学に際して重視されたのはカレッジ教育を受けるに十分なラテン語の能力であった。討論はラテン語でなされ、テキストや講義でもほとんどラテン語が用いられたからである。それでもこの時期になるとチューターと学生、また学生同士の日常会話は英語でなされていた。以前には学則に「母国語会話禁止条項」があったが、一五九六年に創立された当時最も新しいカレッジのシドニー・サセックスなどは、この条項を外してしまったので当局から睨まれたという。

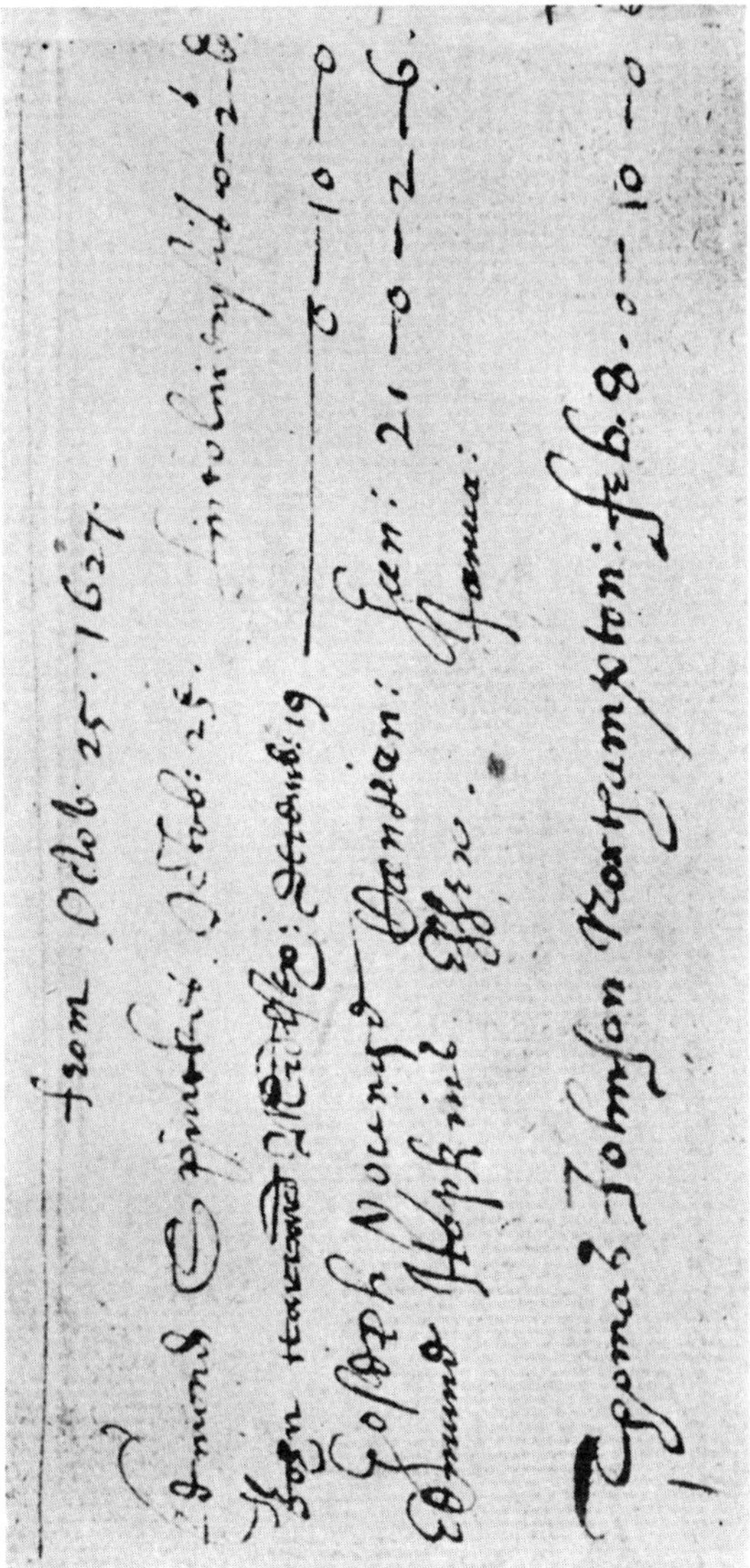

㉕ハーヴァードの入学記録簿のサイン

ハーヴァードのような二〇歳になっての大学進学は、一五、六歳がその標準年齢であったこの時代にしてはやや遅い。フランシス・ベイコンのように一二歳で入学した例は極端としても、モリソンによれば、大学を卒業者してのちにニューイングランドに移住した者で、誕生日がわかっている一〇七人について調べると、四五人が一七歳未満、二四人が一七歳、一三人が一八歳で、一九歳以上は二五人だというから、八割近くは今日の高校生の年齢ということになる。

なお、一六世紀の中頃に王女時代のエリザベスの家庭教師や女王メアリ一世の秘書官を務めた人文主義者ロジャー・アスカムは、大学入学には一七歳が適齢であると主張している。アスカム自身はセントジョンズ・カレッジに学び、のちに『学校教師論』も著しているので、教育方法論について一家言持っていたのであろう。そして実際の教授経験に照らしてみると、やはり一〇代前半や中頃では大学の授業水準についていくのが難しいと判断したようである。このあたりはミルトンやベイコンの主張に通ずるものがある。

シェリーは、ハーヴァードが標準よりかなり遅く大学に入学した理由について、虚弱な体質であったので、休暇ごとにケンブリッジとロンドンを往復する旅に耐えるのが難しかったのだろうと推定している。しかし最大の理由はやはり経済的な要因であろう。父の死によって残された莫大な遺産が、結果的に十分な学資になったことは疑いない。

大学の大衆化

その頃のケンブリッジは一八世紀前半までを入れても最も学生数の多い時期にあった。ちょうどハーヴァードが成長していた一六一〇〜三〇年頃が学生数のピークだったといわれる。特にイマニュエルは学生の急激な増加によって、ケンブリッジで最も過密状態にあるカレッジの一つであった。学生数は全カレッジでも三番目に多く、学生には二人から四人までの部屋が割り当てられた。

オクスブリッジの両大学は一六世紀以来相次いで新しいカレッジを建設していた。その背景には一六世紀前半の英国国教会の成立に伴い、国内の修道院が解散され、宗教改革以後の教義論争とも相まって修道院に代わる新たな知的拠点作りが求められたことや、台頭する中産階級の教育熱が高まったことなどが挙げられる。国教会成立以後に限っても、ケンブリッジには四つのカレッジが創られたが、そのうちトリニティとイマニュエルは一六あった全カレッジの中でも最大規模の学生を抱えていた。大学「大衆化」の波が押し寄せていたのである。

このような大衆化は、少数のエリート主義に固執する旧守的なインテリからは当然批判を受けた。「当世の学生の関心はマナーよりもマネーにある」といったある教師の嘆きは、大衆化による当時の学生のレベル低下を憂える古い世代の心情をよく表している。

知的なレベルに限らず、イマニュエルはその革新的な雰囲気のせいで、服装も比較的自由化が進んでいた。これについて反感を示したのは形式や儀礼を重んじる高教会派（イギリス国教会でもカトリック寄りの保守的な一派）だけでなく、大学生活での厳格な規律を重んずる人々は、「長髪とロング・ブーツと派手な服装」という出で立ちで「教養もなく、野卑な言葉遣いで、不道徳な行いをする」当節の学生たちを憂慮していた。

親たちが絶望することも珍しくなかった。せっかく多額の費用をかけ、希望に満ち、愛情を注いで息子を大学に送りだした両親が、久しぶりに会うわが子の放蕩さと俗っぽさに幻滅するというパターンが国中至る所で見られたという。高度な神学を学んで高位の聖職者を目指す昔ながらの学生の志向は薄れ始め、学問への意欲が湧かず、漫然と暇つぶしの日々を送る学生も目立ってきていた。時代の変化を漠然と感じ取りながらも、不承不承旧来のシステムに従わざるを得ないもどかしさの中で、己を見失う者も多かったのだろう。もっとも、無礼や無気力で旧世代の顰蹙《ひんしゅく》を買う学生の存在はいつの時代にも通じる普遍的な現象のようであるが。

ピューリタンの牙城ケンブリッジ

大まかに言えば、そのころオクスフォード㉖は保守主義の、ケンブリッジは革新主義の殿堂であった。一般にピューリタンは政治的には革新派を意味していた。それを反映して、やがて勃発するピューリタン革命の内戦のとき、王党派は一時オクスフォードに拠点を定めている。ただし、オクスフォードにピューリタンが皆無であったのではなく、後にオクスフォードの一部ピューリタンが激しい弾圧を受けていることも事実である。

これに対してケンブリッジにはピューリタンが大変に多く、新大陸に移民する卒業生などもオクスフォードに比べて圧倒的に多かった。のちのハーヴァード・カレッジを含む一帯がケンブリッジ市と名づけられるのもこれによる。大学の卒業者でアメリカに移民した者は一六四〇年までで一三〇人いたが、そのうちケンブリッジ出身者は一〇〇名、オクスフォード出身者は三二名であった（両大学重複者三名を含む）。

有名な叙事詩『失楽園』を著したピューリタン文学の代表者ジョン・ミルトンは一六〇八年生まれなので、ハーヴァードと同世代である。ハーヴァードが在学していた時期にケンブリッジのクライスツ・カレッ

㉖オクスフォード大学マートン・カレッジ

ジで学んでおり、両者は在学期間が五年間重なる。もっとも、ミルトンは当時の大学教育について批判的な見方を示している。これについては後述するが、入学したばかりの学生にそぐわない過度な学問水準を求める大学に対し、非常に厳しい見方を示している。それでもケンブリッジのピューリタニズムから大きな影響を受けていることは疑いない。

もっとも、一口にピューリタンといってもそこには数々の分派が存在し、一括りに定義するのは困難である。高校の教科書風に言えば、ピューリタンは「フランスの宗教改革者カルヴァンの教説を奉ずる人々のイングランドでの呼称」とされ、英国国教会とは対峙する宗教セクトとみなされやすい。けれども、実際には、国教会にとどまってその内部で儀式の簡素化や浄化を主張する長老派などの非分離派も、逆に国教会からの独立を図る独立派などの分離派も、双方がピューリタンに含まれるので、「国教徒のピューリタン」も多く存在する。

カルヴァンの教説を信奉する度合いにも濃淡の差が激しい。全てのピューリタンがカルヴァンの救済予定説や禁欲主義を厳格な意味で受け入れていたわけではなく、むしろ非カルヴァン主義的傾向の目立つピューリタンも存在するほどである。したがって、ピューリタン全体を大同団結した組織が存在したわけではないし、そのような連携自体が不可能である。むしろ小セクトに分かれてそれぞれの理念に従って行動することも多く、長老派、会衆派（独立派）、バプティスト、クエイカーなど、その流れをくむ多くの会派が存在する。さらに会衆派にも分離派と非分離派が含まれ、それぞれの詳細な宗教理念に至っては千差万別と言っていい。ピューリタンにおいては宗教と政治とが密接に絡んでいるので、宗教上の対立は必然的に政治的対立を招来する。

次章で細かく触れるが、アメリカに渡ったピューリタンたちは現地での宗教路線や政治路線の対立からセクトごとに分かれ、それぞれが独自のコミュニティを形成した。ピューリタンには当然反体制的な傾向が強い。換言すれば、宗教的信念も強いだけに安易な妥協を潔しとしない。そのような人々の集団であればこそ必然的に内部対立も激しくなるのであろう。

学寮での日課と学生生活

カレッジの生活はチューターに大きく依拠していた。学生に及ぼすチューターの影響力は絶大であり、学生はチューターと共同生活をしながら学業課程を進めていった。一人のチューターが担当する学生数は、非常に人気を博したケースで二〇人ということもあったようだが、これはまれで、ほとんどは六人以下であり、普通は数人であった。

チューターは学業だけでなく担当する学生の生活全般についても面倒をみた。事情で授業料を滞納した学生に対し、チューターが立て替えることもあった。チューターは学生から尊敬されるように高い学識と高潔な人格を備えることが求められた。

チューター制度の起源は一四世紀末のオクスフォード大学ニューカレッジにあるといわれる。当初は上級生が下級生の教養科目などの面倒をみるところから始まったようであるが、ハーヴァードの在籍した時代には一般に修士号を得た者がフェローとしてカレッジに残り、後輩の学生の指導をしたとみなされる。チューターはカレッジからの手当と学生からの授業料を収入の一部としていた。

モリソンは、ハーヴァードとほぼ同時期にセントジョンズ・カレッジでチューターをしていたホルズワースが作成したカリキュラムを紹介している。以下、それを引用しながら当時の学業内容について見ていきたい。

ホルズワースはセントジョンズ・カレッジで一六一三年からフェローやチューターを務め、ハーヴァードがアメリカに渡った一六三七年に、イマニュエルの学寮長に就任した。その立場はピューリタンにしては穏健、というより保守的でさえあり、まもなく起こるピューリタン革命の内乱に際しては王党派に与《くみ》したため、最終的にはケンブリッジを追われている。

ケンブリッジでの学寮生活は「気高い思想に質素な生活」が合言葉であった。

日課は、朝五時に鐘の音によって起床し、カレッジのチャペルでの集いで祈りを捧げることから始まった。次いで学士や修士の学位修得予定者による一〇～一五分程度のありきたりの講話が行われた後、五時半か六時に寮の食堂か各自の部屋でパンとビールの簡単な朝食がとられた。

午前の授業は六時過ぎから一一時頃まで行われ、主に講義形式で進められた。その内容は中世のものとほとんど変わりなく、論理学と三哲学、すなわち自然学、形而上学、倫理学が主な授業科目であった。ルネサンス時代に発展した人文主義の影響が多少みられるとはいえ、新しい科学的な知識がその内容に取り入れられることはほとんどなかった。

一一時に大食堂で昼食を摂ると、その後一時間ほどレクリェーションの時間が設けられていた。午後一時になると、各学寮合同の討論会に出席するか、もしくは二〜三時間の間、勉学に没頭した。午後の授業では一般に弁証や討論、雄弁術が中心となったが、チューターによっては文学や歴史学などの当時としては新しい学問も取り入れていた。

三時か四時に軽食を摂ると、五時か六時の夕食まで自由に休憩時間を楽しんだ。夕食後、夏場はキャンパスや庭園を散策したり芝生で球技に興じたりし、冬場には食堂の暖炉の回りに集まって時間を過ごした。当時、夜は明かりが乏しかったので、学生たちは夜間の読書をほとんど課されなかったのである。七時か八時にチューターは担当学生を自分の部屋に集め、一時間ほどさらなる研究推進の方法について話し合いをしたのち、夕べの祈りを捧げ、ようやく各自の部屋に引き取った。こうして一〇時の鐘で日課が終了し、就寝となったのである。

こうした日課によれば、午前と午後を合せると約八時間の授業時間となるが、ホルズワースは学位取得予定者に対し最低五時間の読書を課したという。イギリスの大学に特徴的なカレッジのチューター制度の下では、ほとんどがマン・ツゥ・マン形式の授業であるので、直接チューターの指導を受けない時間が読書を主とする自学の時間に充てられたと思われる。チューターは個々の担当学生を順次指導していったのである。

日曜日にはケンブリッジ大学の公式な教会であるセント・メアリ教会で行われた聖職者向けの礼拝への出席が必須とされた。欠席した場合はその度ごとに六ペンスの罰金が科せられた。このころの説教内容や礼拝形式には、後述のロードによる圧力もあり、ピューリタン色の強いケンブリッジでさえカトリックに準じるものが見られるようになった。パンとワインの「化体」を認める学寮長が現れたり、礼拝堂がきらびやかな十字架で飾られたりすることもあった。副学長自身、学生のピューリタンへの転向に目を光らせていた。弁舌に優れたピューリタン牧師の魅力的な説教により、学生のセント・メアリ教会への出席率が悪くなることも問題視された。

こうした日常生活の下で、敬虔と勤勉、および禁欲に清貧を目指す日常生活が求められたが、徐々に強まる宗教的圧力はともかく、必ずしもずっとのちにヘルマン・ヘッセが神学校の現実を描いたところの「車輪の下」のような生活ではなかったようだ。革新的な雰囲気のせいで服装も比較的自由であったし、多くのレクリエーションも認められていた。公認されていたのは鉄輪投げ、フットボール、アーチェリー、ボーリング、シャフルボード、チェスなどであった。けれども大衆演劇、公共の見世物、幕間劇、英語での喜劇と悲劇などを見物することは禁止され（ラテン語は可）、とりわけ狩猟は、弓矢、猟犬、罠のどれによっても厳禁とされた。

カレッジでの正式な食事は一日二回で、一一時に昼食、午後六時に夕食となったが、両者の献立に大きな差はなかったという。内容は「ほんの数切れの牛肉が入ったスープと、オートミールと塩のほかに何もない」前代の食卓よりも少しは改善されていたらしいが、概して質素なものであった。そのため空腹に耐えられない学生も多かったようで、前述のように、朝と午後には軽食を摂ることも許された。ビールも認められていた。寮費は部屋の種類によって年に二～一〇シリングまでであったが、ハーヴァードが学生の間に一〇～二六シリングまでに値上がりした。

こうした中でジョン・ハーヴァードがどのような学生生活を過ごしたのかを知る術はないが、ごく真面目な学生であったと思われる。おそらく体が丈夫な方ではなかったと思われるので、無理をすることも羽目をはずすこともなく、ピューリタンの名にし負う禁欲的で勤勉な学生生活を送ったのであろう。修士の学位を最短の七年で修得したことは着実さを物語っている。カレッジに残されている学生の「懲罰記録簿」にも、ハーヴァードの名は登場しないという。武勇伝や意外性とはいっさい無縁のようだ。ちなみに同世代のミルトンはチューターと衝突したために停学処分を受け、一時的にロンドンの父の下へ帰されたことがあるという。

学事課程と授業内容

当時のケンブリッジでは、修士の学位を取得するに七年の課程を修める必要があった。最初の四年は今日の学部に当たるもので、一一学期で構成され、後半の三年は修士課程に相当し、九学期以上の修学が必要とされた。

学事年度は聖ミカエル学期（秋学期）、ヒラリー、もしくはレント学期（冬学期）、イースター学期（春学期）の三つの学期から成っていた。秋学期は一〇月一〇日から一二月一六日まで、冬学期は一月一三日からイースターの一〇日前まで、春学期はイースター後八日目から卒業式後の最初の金曜日までであった。卒業式は七月の第一火曜日に定められたので、春学期が終了したのは七月上旬であった。各学期の間の時期には休暇が設けられ、夏期休暇は春学期終了から一〇月九日までの約三ヶ月間あった。もっとも、夏期休暇中にも所定の費用さえ支払えば、公式の授業や討論を除いて、学寮生活を送りながら指導を受け研究を続けることは可能であったという。

当時のケンブリッジでは、普通新入生は一月に入学し、翌年の秋学期から二年生課程に入るものとされた。ハーヴァードが一二月に入寮したのはそのためである。したがって新入生の課程を修めるには五学期、一年半以上を経過する必要があった。

学部での授業内容には修辞学、論理学、哲学、ギリシア語、幾何学などが含まれ、後半では哲学、天文学、遠近法、上級ギリシア語の講義が加わった。依然アリストテレスに基づく内容が多かったと推定される。学生たちは最終学年に進むと学内やチャペルでの公開論争に参加することが求められた。この論争は、道徳学や形而上学の難解な論題について徹底的に討論するもので、一七世紀の知的訓練においては最も重要な要素とみなされた。学問の中でも、別格の神学を除いて、修辞学と結びついた論理学がアカデミズムの中心とされ、最大の注意を払うべきものとされた。

詳細なカリキュラムはチューターに任されていたが、ハーヴァードのチューターは判明していないので、カレッジでどのような教育を受けたのかも正確にはわかっていない。したがってここでも先のホルズワースに拠ってみよう。なお、実際には多くの著作家が登場するが、比較的著名な人物だけを中心に述べていく。

まず新入生の授業から見ていくことにする。

一月から始まる冬学期、新入生は午前中に論理学の大系や概要をチューターの指示したとおりに書き写しながら、チューターと質疑応答を交わすことから学業を開始した。次いでオランダの論理学者ブルゲルスディキウスの著した『大論理学大系』を読むように勧められた。このような方法は初期のハーヴァード・カレッジでも長らく踏襲されたという。

午後の授業については今日のものと似かよっている。冬学期にまずローマ人の作法と習慣に親しむため、トマス・グッドウィンの『ローマ史撰集』から始め、次いでマルクス・ユスティヌスに基づいてローマ史概論に進む。

春学期に入ると新入生は、午前中、コインブラ（ポルトガル最古の大学町）大学の学者たちの手になる『アリストテレスの論理学注解』を初めとするさまざまな注解書によって論理学上の論争について学んだ。学生たちは論題を次々に選び出し、各々の著者がそれについてどのように述べているかを見出しながら、それらの大意と本質をノートにまとめた。中世以来のスコラ的な学問手法をまず学んだのであった。

六月になると、ある程度論理学を容易に楽しく学べるようになったと思われるので、チューターが勧めるさらに高度な論理学者の著書に取り組むようになった。チューターが必要と考えれば夏期休暇中でも課題が与えられた。

春学期の午後には、ラテン語の美しい文体を知るため、キケロの書簡やテレンティウスの『喜劇集』、エラスムスの『対話篇』をそれぞれ一ヶ月ほどかけて学んだ。重要な語句や警句を選び出し、キケロの場合は手紙を、エラスムスでは物語を、それぞれ作文してラテン語の練習とした。

夏期には『詩作秘伝』とオヴィディウスの『変身物語』を読むことで古代神話への入門とし、さらに古代ギリシア・ローマの地図を丹念に読み取って古代地理の知識を確実なものにした。

秋学期になると、午前は春学期の論理学の学び方に倣って倫理学を学んだ。また学期後半には自然学の学習も開始され、これにも同様の方法が採られた。同学期の午後は、ギリシア語聖書に向かい、一〇、一一月にはキケロの書簡やエラスムスの対話に、一二月にはメガラのテオグニスの詩篇に取り組んだ。

二年目の冬学期はもう一度文法を復習するところから始まった。ラテン文法では主にロレンツォ・ヴァラの『ラテン語優美論』、ギリシア文法ではヴィジェの『ギリシア語特殊慣用語法』が用いられた。

二年次課程の春学期を迎えると、弁論能力を養うことが最大の義務となった。最初の二学期の午前の授業は前記の三哲学に関する論争に充てられた。そのために、適切なアリストテレスのテキストを含みながら論争点も注釈したスコラ的教本が薦められた。例えば、倫理学ではブルゲルスディキウス、モリサヌスら、自然学ではピッコロミーニ、ペレイラ、コインブラの博士たち、形而上学ではスアレス、ペドロ・ドゥ・フォンセカ、クリストファー・シュナイブラーなどであった。

午後は古典研究が中心となり、春学期ではキケロの『友情について』『老人について』『弁論について』と、その他には『イソップ物語』などが、秋学期にはラテン文学黄金時代の三大叙事詩人ヴェルギリウス、オヴィディウス、ホラティウスに加え、マルティアリス、ヘシオドスらが扱われ、とりわけカシニウスの『雄弁論』は、専門知識だけでなく弁論術を高めるうえでも非常に有益とされた。

このように学問を進め、チューターが認めれば学生は三年次に進むことになる。この課程になると他のカレッジの学生との公開討論に参加するようになる。

ホーズワースは三年次の最初の二学期と夏期休暇中の午前の学習に、アリストテレスの『オルガノン』『自然学』『倫理学』を割り当てている。アリストテレスを読むことは論争の学習になるのみならず、ギリシア語理解の一助となり、かつ他のすべての学問を締めくくるものとされた。冬学期にはセネカの『自然問答』やルクレティウスを講読するべきとされた。晦渋《かいじゅう》な哲学用語を少しでも和らげる表現を身につけるには、自然学の著作に親しむことでその役割が果たされると思われたからである。

三年次の午後は、春学期にまず古典時代の稀代の弁論家二人、デモステネスとキケロを刻苦勉励してできるだけ多く読むものとされた。七月にはより洗練された作家、例えば、ファミアーノ・ストラーダやペトロニウスの『サチュリコン』などを、八月にはターナーの『弁論術第一六巻』が、九月にはクィンティリアヌスの『弁論について』が薦められた。秋学期になると『アエネイス』や『イリアス』が課せられた。「最も有益にして必須の科目」歴史については、冬学期に最初フィリップ・クルベリウスの『古代イタリアとドイツ』を対象とし、その後古代ローマの歴史家リヴィウスやスエトニウスに進むのがよいとされた。

三年次は最終学年への進級がかかる重要な学年であり、先輩に同行して討論において援護をしたり、他のカレッジ生との討論を行うことに多くの時間が割かれるので、弁論術を磨くことが最大の課題となった。

最終学年である四年次になると、春学期の午後、修士たちが同席する中で自分たちの中から司会者を出して中世風の神学論議が行われた。論題は前もってカレッジのドアに掲示され、論議への参加者は論題に対して二度肯定し、二度否定して論述を行うことが義務づけられていた。これと並行して春にはアリストテレスの『天体論』と『動物誌』を、夏には『気象論』を、秋学期にはウェンデリンの神学概論を読むこととされた。精力的なチューターはさらに医学書や『ユスティニウヌス法典』、ゲリウスの『アッティカ夜話』その他の古典を勧めた。

F. ベイコンの大学批判

一三世紀初めからの伝統を持ったケンブリッジ大学は、ハーヴァードの在学当時すでに四〇〇年以上を経過していた。しかしその教育はこのころ転機を迎えていたようである。ハーヴァードが在学していた時期を挟んで、奇しくも思想家フランシス・ベイコン（㉗）と詩人ジョン・ミルトンがそれぞれの著作で当時の大学教育を批判していることからもそれは明らかである。両者は半世紀を隔ててケ

㉗フランシス・ベイコン像

ンブリッジ大学の別のカレッジに学んでいるが、その大学批判は非常に似かよっている。このことは、カレッジやチューターが異なっても、さらに半世紀の隔たりがあっても、受けた学業内容にそう大きな違いはなかったことを示しているのであろう。

一六〇五年といえばハーヴァードやミルトンが生まれる数年前であるが、この年にベイコンは『学問の発達』を著し、当時の大学教育を厳しく批判している。ちなみに、在学中に購入したかどうかは不明であるが、ハーヴァードは同書を所有しており、後年、産声を上げたばかりのマサチューセッツ湾植民地カレッジ、すなわち直後に自身の名を冠することになる「ハーヴァード・カレッジ」に寄付した蔵書にこの本が含まれている。

早熟の秀才であったベイコンは、一五七三年に一二歳という異例の若さでケンブリッジ大学トリニティ・カレッジに入学した。しかし卒業することなく一四歳のとき中退し、翌年伝統ある法学院グレイズ・インに入学している。中退した理由を直接述べている記録は見当たらないようだが、兄のアンソニーとともに入学し、二人とも同時に退学しているところから、国璽尚書を務めていた父の意向が働いたものと考えられよう。兄弟ともに大学教育にはなじめそうもないことを父に告げたのであろうか。

『学問の発達』の中で、ベイコンは大学教育を批判して以下のように述べている。（成田成寿訳）

大学の大部分の慣例や慣習は、比較的無知な時代から出ているものであるから、それらを再検討するのがいっそう適切なのである。……私が誤りであると思うのは、すなわち、大学における学生があまりに早く、またあまりに未熟なうちに、論理学や修辞学というような、子どもや新参者より卒業生にいっそう適切な学問をやり始めることである。

また、ベイコンは、

金銭が、他のあらゆる物品を入手することができるようにさせるのと同じように、この知識というものは、他のあらゆるものを買い求められることになるものなのである。

とも述べている。この延長上にあるのが、未完のユートピア文学『ニュー・アトランティス』に登場する実用的学問の理念である。そこでは次のように述べられる。

われわれの協会（ソロモン館）の目的は事物の原因や秘密の運動についての知識であります。それからの人間の領域への拡大であり、あらゆることを可能にするものであります。

「知は力なり」と断じたベイコンにとって、思弁にとどまるスコラ的な学問方法は前世紀の遺物と思われたのであろう。

なお、ルネサンス研究の大家エウジェニオ・ガレンの『ヨーロッパの教育』によれば、高度の学問や教養を系統的に分類しながら高次の綜合を試みるベイコンのこのような学問理念は、モラヴィア出身の大教育学者ヨハン・アモス・コメニウスに大きな影響を及ぼしているという。

もっともベイコンは形式一辺倒に硬直するスコラ神学の学問方法には手厳しいが、カトリックの急先鋒であるイエズス会の学校についてはある程度これを評価する。例えば、

教育に関してはイエズス会のそれに言及するのが一番の近道だ。それがすぐれて有用性に富んでいるからである。

としているし、『学問の発達』における

イエズス会の人々は、一部分は自分たち自体から、また一部分はその示す実例の模倣と挑発から、学問の状態に非常に活気を与え、強化することになった。

(最良の時代の古人の英知のような)古人の訓練のすぐれた点を、ある程度最近復活させたの

はイエズス会の教団である。

などの言葉はイエズス会教育の優れた点を認めていることを表している。

ミルトンの大学批判

一方、ミルトンは一六二五年に一六歳でケンブリッジのクライスツ・カレッジに入学し、二九年に学士号を、三二年に修士号を得たので、ハーヴァードとは五年間大学生活を共有していた。そのため、ハーヴァードの伝記を著したシェリーは、才気喚発なうえに「貴婦人」と渾名されるほど女性的な美貌で目立っていたミルトンの噂は、ハーヴァードも知っていたに違いないとみている。五年間も同じケンブリッジで過ごしたのであるからお互いを意識することなく町中で何度かすれ違ったり、挨拶や簡単な会話を交わしたくらいは十分考えられよう。

そのミルトンは、一六四四年刊の小著『教育論』の中で大学教育に手厳しい。

大学は野蛮なスコラ的煩雑さから未だ充分立ち直っておらず、昔ながらの誤りを犯していると、私は考える。それは最も易しい学問—そして、それは人間の感覚に最もわかりやすい学問であるのだが—からはじめないで、若い、手ほどきも受けていないぽっと出の新参者のまえに、いきな

り、論理学や形而上学などの最も知的な抽象論を持ち出すことである。（私市元宏・黒田健二郎訳）

『教育論』に従えば、ミルトンの考える理想的な学問を修める段階は、まず優れた文法書でラテン語を正確に学習することから始めて、「楽しく学ぶ」ことに留意しつつ、しだいに高度な段階へと無理なく進む、というものである。詳述は省くが、そこでは古典古代の多数の有名な著作者が挙げられている。そこに登場する名前自体はおそらく当時の大学で典拠として盛んに用いられていたのであろう。なおこの『教育論』は先述のサミュエル・ハートリブに献じられている。

さらにミルトンは、「以上がわが国の家柄の良い紳士的な若者たちが、一二歳から二一歳までの時をさいて、勉学錬磨しなければならない学問の内容である」と続けているが、その目標とするのは、「学問への熱意と美徳への尊敬の念」「神に愛され万世に名を残すような勇者」「愛国者たらんとする高い希望」「男らしい紳士道の訓練」などの言葉で示されるように、人々や時代をリードするような気概や覇気を持つエリートとしての自覚を持った若者の涵養《かん》である。

いずれにせよ、ハーヴァードとは学んだカレッジこそ異なるが、ミルトンら一部の学生は、形骸化したスコラ的神学に大いに物足りなさを感じていた。ミルトンやベイコンらの見解は、論理学、修辞学、形而上学などを学生に学ばせる時期を尚早としているものの、それらの学問的意義をまったく否定しているのではない。それにしても、犀《さい》利な時代感覚を持ったベイコンやミルトンらは、変化の著しい社会にあって、旧套的なスコラ論議にもはや物足りなさを感じ取っていた。大局的にはこの感覚が人間理性に信頼を置く新時代の学問の捉え方に連なるのであろう。

全般的危機と科学革命

ジョン・ハーヴァードが誕生した一七世紀の初頭といえば、日本では江戸幕府の初期に当たる。日本が鎖国体制に向けて着々と閉鎖的な孤立政策に進んでいった時代のヨーロッパは、権謀術数渦巻く激動の時代であった。

その一七世紀はヨーロッパでは「全般的危機の時代」ともいわれる。同世紀の一〇〇年間で戦争がまったくなかったのはわずか四年間しかないという。三十年戦争、オランダ独立戦争（八十年戦争）、イギリス革命、英蘭戦争、ルイ一四世の数次にわたる侵略戦争などの大きな内乱や戦争が引き続いた。

このような「危機」の原因については「一七世紀危機論争」という論争があるくらいで、さまざまな見解が存している。世紀前半は寒冷な気候にたたられた小氷河期であったともいわれる。それがどの程度社会体制に影響したかの評価は難しいが、ヨーロッパ全体が政治、経済、社会、宗教、文化のいずれの分野においても大きな変動期を迎えていたことは間違いない。巨視的に見れば、商業革命に誘発された近代前期の経済構造の変化にどのように対応していくかが、最大の焦点となったのであろう。その一時しのぎとして、君主権の強大な絶対主義という過渡的な国家体制にヨーロッパが置かれたが、やがて市民中心の近代後期へと移行していくのである。

一方、その一七世紀は「科学革命の時代」ともいわれる。この世紀を経てヨーロッパは徐々に「合理性」と「世俗性」を特徴とするいわゆる「魔術からの解放」に向かって次世紀の啓蒙の時代へと進んでいくが、同世紀初頭にあってはいまだ現代的な意味での「科学」は存在しなかった。ほとんどの人々は合理的な自然観とは無縁であったし、大陸では魔女狩りのピークを迎えていた。ガリレオが「自然落下の法則」を発見したのは一六〇四年頃といわれるが、地動説や慣性の法則はなお「珍説」の域を出ておらず、一般にはもちろん受け入れられていなかった。古典力学の形成を象徴するニュートンの『自然哲学の数学的諸原理（プリンキピア）』は一六八七年に著されたが、イギリスでも合理的思考がすぐに一般人に広く普及したわけではなかった。

そのニュートンでさえ、晩年に錬金術や聖書の年代学などのオカルト的な研究に没頭していたことはよく知られているし、職業としての「科学者」も依然存在しなかった。イギリスでオクスブリッジ以外の大学が出現したのは、一八二六年になってようやくロンドン大学が創立されてからである。多少の「大衆化」傾向が現れてきたとはいえ、一七世紀前半のオクスブリッジ両大学は前代と同じく成功した中産階級や特権階級の子弟のサロンという面が強かった。大学は相変わらず神学を学ぶところであり、この時期に至ってもなお創立以来長らく続いていたスコラ的学問方法が幅を利かせていたのである。

ピューリタンへの弾圧

神学中心には変わりないが、ハーヴァードが在学していた頃のオクスブリッジは、ピューリタン革命前夜の緊張期にあたり、ピューリタンにとっては受難の時期であった。ベーメン（ボヘミア）に発してヨーロッパの多くの国を巻き込んだ三十年戦争は一六一八年に開始されたが、ちょうどその頃がイングランドでも宗教政策上の大きな転換期であった。国教会の強硬派を中心に、イングランドも新教国側に加勢して参戦すべきであるとの主張が声高にあがったものの、結局それは見送られた。国家財政が逼迫《ひっぱく》し、戦費の負担が重すぎたこと、国王の「協調外交」政策が展開されていたことなどが理由とされるが、多くの国民にとってジェイムズ一世の政策は「協調」というよりも「親カトリック」と受け止められた。

王チャールズ一世の治世となる一六二〇年代後半になると、宗教的復古主義が前王にも増して著しいものとなり、カトリックへの回帰かと見紛うような発言や施策が相次いだ。王がフランスのブルボン家からカトリックの王妃アンリエッタを迎えたこともあり、フランスやスペイン、さらには教皇庁ともいっそうの友好関係を探るような外交政策が展開された。政府内でもカトリックの高官が少なからず起用され、宮殿にはカトリックを思わせる豪華なバロック式礼拝堂が建立された。これらはもともとカトリックを嫌悪する多くのイギリス国民の神経を逆撫でした。

　カルヴァン派の根本理念が聖書を信仰活動の基礎に置く福音主義であることはよく知られている。従って、同派では聖書に根拠の見いだせない形式的な儀式や行為を虚飾として極力排し、内面的信仰を重視して、原始キリスト教の純粋性に回帰した信仰生活を目標とした。うわべだけの形式や装飾が堕落とみなされた結果、ヨーロッパの一部の教会では贅沢な飾り付けなどを燃やしてしまう「虚栄の焼却」が行われた例さえあった。

　こうした中で、王の意向を受けて抜擢され、一六二八年からロンドン主教、一六三三年からカンタベリ大主教と歴任したウィリアム・ロードの方針は特に厳しく、ピューリタンに対する激しい弾圧攻勢が行われた。高教会派といわれるカトリックに近い国教会を目指す方向が一段と強められた。

　ロードは目に見える形で宗教上の統一性を強化する方向性を取った。飾り立てられた祭壇や色彩豊かな聖像、きらびやかなステンドグラス窓、教会堂に鳴り響くオルガンの演奏、装飾の施された銀器などが教会内部に溢れ、牧師には白い聖職服の着用が奨励され、説教よりもミサなどの宗教儀式や典礼が重んじられた。サクラメントを受けるには聖餐台の前でひざまずくことも命令された。これらもカトリックの復活を思わせるものであった。

　教義面でもロード派とピューリタンとは相容れなかった。カルヴァン派は、偉大な神の絶対的意志によって人間の救済をも含めたあらゆる営為が定められ、人為による魂の救済は不可能であるする二重予定説を基本としたが、ロード派は、神の恩寵《おんちょう》を人間は拒絶することもできるという自由意志論を認め、救済の道は全ての信徒に開かれているとするアルミニウス派の立場に拠っていた。

アルミニウス（ヤコブス・ハルメルセン）とは、一六〇九年に亡くなったオランダ・ライデン大学のプロテスタント神学者である。カルヴァンの根本教義に対立する見解を唱えたことで大きな論争を巻き起こした学者であった。興味深いことに、「鉄の不寛容」の趣のあるカルヴァン派に対し、ロード派の方が教義上の寛容度が高かったのである。装飾や儀式などの外面的統一を重んじ、内面を支える教義については緩やかなこうしたロード派の方針は、正にその逆を志向するピューリタンとはまったく対極に位置していた。

ロードはまず、自らが総長を務めたオクスフォードのピューリタンを追放するため、自分の意向通りになる人物を次々に要職に配して体制を固め、ケンブリッジにも同様の方法を実施しようとした。中でもトリニティ、イマニュエル、キースの三つのカレッジが「特別に憂慮すべき事態にある」として目をつけられた。イマニュエルについては、「一般祈祷書」が礼拝で用いられてないこと、チャペルで聖職者用白衣を着用しないこと、秘蹟を長椅子に座ったままで受け、扱いも軽々しいことなどが問題視された。

もちろん、こうした施策への批判者や拒否者は多く出現したが、彼らに対しては、耳そぎや職位剥奪、投獄などの厳しい処罰が実施され、禁書リストも作成された。このような中で、ピューリタンの一部には、イギリスにいる限りこれ以上自己の宗教的信念を守ることは困難であると考え、新天地アメリカで自らの教義に則した社会の実現を図ろうと考える者が多く現れた。政府側でもそれを強硬に阻止しようとする動きはなかった。「厄介者」を先遣隊《せんけん》としてアメリカへ移民させ、大きな利権が見出されればヴァージニアのように国王の直轄とするつもりだったのであろうか。

それでも、国教会のあり方や国王大権に対して従来から厳しい批判を加え、急進的ピューリタンのオピニオン・リーダーとなった者については、「お尋ね者」として官憲の目が光っていた。当局はこれら「お尋ね者」たちがアメリカに逃亡しないよう、主な港に官憲を配していた。そのため一部のリーダーたちの中には沖合の小島に先回りして、小舟で移民船に乗り移り、首尾良く大西洋を渡った者もいた。こうして「脱出」した者の中にはジョン・コトン、トマス・フッカー、サミュエル・ストンらがいる。

ロードはアメリカへの渡航についても干渉しようと試みたが、結局一六三〇年代を通じて移民は間断なく続けられた。なお、ロードはのちに勃発したピューリタン革命の内戦で真先にピューリタンが主導する議会派の標的となって捕えられ、国王に先立って一六四五年に処刑された。ロードは優れた聖職者ではあったが政治的感覚に乏しく、妥協や駆け引きに無頓着で、理論的整合性のみを追い求める学者的な発想から施策を進めたために現実との乖離が著しくなり、自らを破滅に追い込むことになったといわれている。

新大陸移住に向けて

マサチューセッツ湾植民地はもともと商人が結成した会社が開拓を志した場所であった。二九年、ピューリタン会衆派の商人団は王チャールズ一世の特許状を得て、マサチューセッツ湾会社を設立した。同年一〇月、ジョン・ウィンスロップら、のちにニューイングランドの指導者として活躍する一二人の有志がケンブリッジに集まって「ケンブリッジ合意」を結んだ。

ここでは、翌年春に自分たちが大移住団を引率してマサチューセッツに渡り、大規模なコミュニティを形成することが申し合わされた。現地の総督にはジョン・ウィンスロップが、副総督にはトマス・ダッドリが選出された。ウィンスロップ自身もケンブリッジ大学出身であった。こうして翌三〇年、数次に亘る船団が約一〇〇〇人の移民を乗せて大西洋を横断し、上陸後ボストンを中心に生活拠点を築き上げた。これが一六三〇年代の新大陸への「大移住」の先駆けとなった。こうしたニュースは、ケンブリッジで大学生活を送っていたハーヴァードたちにとって、非常に興味を引く話題となったに違いない。

宗教的動機がアメリカへの移住の大きな要因であることは疑いない。しかし世俗的動機も無視できないであろう。実際、大学を卒業したインテリは植民地の指導層となったが、植民地で政治参加ができるのは「公民」に限られていた。公民とは本来マサチューセッツ湾会社に出資した株主で、総督や副総督は社長と副社長に相当した。それでも、移民の過半数は公民の資格を持たない職人や、年季奉公者などの無産者であった。この背景には八十年戦争によるスペインのネーデルラント攻撃に伴い、イギリスの毛織物工業が不振に陥った一六二〇年代後半の深刻な経済不況が関係している。

「神との契約による約束された土地」とは、豊かな生活を想起させる「蜜と乳の流れる土地」である必要もあった。一六三一年に出版されたジョン・スミスの『ニューイングランドへの植民者に』などは、新天地の魅力を語るのに多少は貢献したであろう。そこではすでに一六二九年に、子供を含む三五〇人の一団が家畜を連れてセーラムなどに移住し、順調に暮らしている様子が描かれている。それでも多くの人々にとって、アメリカはまったくの別世界に思われたであろう。

母と弟の死

こうした中でハーヴァードは一六三五年に「文学修士（マスター・オブ・アーツ）」の学位を取得し、ケンブリッジの課程を修了する。その直後に示された彼の称号は「牧師」となっているが、ハーヴァードが特定の教会の牧師に任命されて実際にその仕事をしていた形跡はない。大学を修了してから新大陸に移住するまでの二年間は、母と弟の死への対応とそれによる遺産の整理、自身の結婚、新大陸への渡航の準備、持参する膨大な量の書物の購入、債権の回収などで忙殺されていたと思われる。

三度結婚し、三度とも夫に先立たれた母カサリンは、三五年七月九日、ちょうどハーヴァードがケンブリッジの修士号の学位を得たころにこの世を去った。このときの遺言状で「息子のジョンに旅籠クィーンズ・ヘッドとバーキングにある貸家、および二五〇ポンドのお金を残す」ことを述べている。ストラトフォードの裕福な中産階級に生まれ、ロンドンの同じく裕福な新興商人のもとに嫁いで生涯を送ったカサリンには、この時代の商人の娘が辿った人生の類型を見い出せるであろう。

さらに二年後、ジョンの肉親で唯一生き残っていた弟のトマスも、母を追うように、兄ジョンがアメリカに移住する直前の一六三七年春に死去し、五月に遺言状が検認された。トマスは三四年にロンドン織物職人組合の正式な組合員として認められ、ようやく年季を挙げて職人として独り立ちしたばかりであった。その住居はサリー州にあったが、ロンドンの職人組合の組合員であったためロンドン市民として認められており、父と同様にセント・セイヴィア教会付属学校の理事も務めていた。トマスはすでに結婚していて複数の子供がいたが、やはり親譲りの勤勉の結果であろうか、妻子や親戚に応分の遺産を相続させた上で、兄ジョンにもかなりの遺産を残した。タワーヒルにある資産の半分、一〇〇ポンドのお金、スタンド式銀杯、二つ鍵のついた金庫、一張羅のスーツ一式、最も上等のマントなどがジョンに遺贈された。

ところで、一九一〇年、ハーヴァード大学にライオネル・デ・ジャージー・ハーヴァードという学生が入学した。この学生はロンドン・サザーク出身で、セント・オレイヴ・グラマースクールの出身であった。この学生こそトマス・ハーヴァードの子孫である。ライオネル・ハーヴァードは一九一五年に卒業してイギリスに帰国し、すぐに結婚して長男が誕生した。けれども、すでに第一次世界大戦が開始されていたのでイギリス軍に従軍したが、一八年に戦死した。ハーヴァード大学出身ではないが、その弟も同じ頃戦死してしまった。

不幸にも早世したライオネルを記念して、第一次大戦後まもなく設けられたのがケンブリッジ大学イマニュエル・カレッジにハーヴァード大学からの奨学生を招聘する制度である。ハーヴァードからケンブリッジにやって来た学生は、ジョン・ハーヴァードが使用していた部屋に寄宿するという。

相次ぐ肉親の死によって、ジョン・ハーヴァードには結果的に多くの資産が集積した。すでに弟の死の直前、ジョンは資産の一部を二五〇ポンドで売却している。その頃には新大陸に渡航する具体的な準備が着実に進んでいたのである。ハーヴァードは死後約一七〇〇ポンドの遺産を残したので、渡航直前に全遺産を整理した時点でおよそ二〇〇〇ポンドを所有していたとみなされる。

これは当時のイギリスで地方の有力者として君臨した上流ジェントルマンの二年分の年収に当たる。ちなみに平均的なヨーマン（独立自営農民）は五〇ポンド前後、零細農民は四〇シリング（一ポンドは二〇シリング）程度の年収であったという。参考までに、売れっ子だった頃のシェイクスピアの年収はおよそ二〇〇ポンドであったといわれる。

ハーヴァードの結婚

三六年四月一九日は、母と弟の死の間の時期に当たるが、ハーヴァードは、アン・サドラーと結婚式を挙げた。アンはカレッジの学友ジョン・サドラーの姉で、七歳年下であった。おそらくカレッジの休暇中、学友の故郷に滞在したことが縁を結んだのであろう。アンの父はサセックス地方の町ルーイス近郊のリングマー村の牧師で、教区の主管者代理を務めていた。

結婚式はこの村近隣のサウス・モーリング教会㉘で行われた。この教会の内部は当時としてはきわめてシンプルな造りで、ピューリタンがニューイングランドに建設した教会とよく似ているという。自身の結婚式のため意図的にこの教会を選んだことは、ハーヴァードがカレッジで培われたピューリタニズムに篤く帰依していた証左であろう。

友人にして義弟のサドラーは新妻より一歳年下の一六一五年生まれであり、ハーヴァードとは八歳の年齢差があるが、よほど意気投合したのであろうか。サドラーは語学の才に長け、ヘブライ語をはじめ他の東洋諸言語に通じていたという。修士号を得たのちしばらくフェローとしてカレッジにとどまったが、やがて勃発したピューリタン革命の内乱では熱心に議会派を支援し、まもなく指導者クロムウェルの篤い信任を得て頭角を現す。のちの共和政時代には政府高官を務め、五〇年にケンブリッジ大学モードリン・カレッジの学寮長にも就任したうえ、五三年にはケンブリッジ選出の下院議員にも選ばれた。

さらに、ロンドンにおけるユダヤ教徒のシナゴーグ建設を認めたのは彼の功績である。しかし王政復古の結果、サドラーはあらゆる役職を解かれ、一時健康を害した時期があった。そのとき、迫り来

㉘サウス・モーリング教会

るロンドンでの疫病の流行と大火災とを「予言」したという。このことはずっとのちにアメリカの大思想家コトン・マザーが著した『マグナリア（アメリカにおけるキリストの大いなる御業）』（一七〇二刊）で紹介されている。

確証はないが、サドラーは五一年に本国に帰国した姉一家とおそらく再会を果たしたであろう。そのときにはすでにハーヴァードはずっと前に他界し、姉は再婚して二番目の夫アリンの夫人となり、何人かの娘を伴っていたはずである。

ハーヴァードはなぜ、また、いつアメリカへの渡航を決意したのであろうか。史料からはうかがい知れない。それでも、日頃の僚友との会話の中で、日毎に強まる宗教上の圧力や、それに伴ってアメリカに移住する卒業生の増加、およびアメリカの様子などの情報が次々にもたらされたことは疑いない。それらに加えて、弟や母の死、先年相次いで他界した父と兄弟姉妹のことなどの個人的事情に後押しされ、敬虔な妻とともに新世界での再出発を図ることが自らの「天命」であると悟ったとしても不思議ではない。四〇〇冊にも及ぶ膨大な書物を買い集めたのは二度と帰国しない決意を固めていたのだろう。

4 マサチューセッツ湾植民地

㉙ボストン中心部

チャールズタウン

今日圧倒的な影響力を及ぼす覇権国家として世界政治に君臨しているアメリカ合衆国は「新しい国」といわれる。確かに、数万年にも及ぶ先住民の歴史を無視すれば、独立宣言を発してからわずか二百数十年しか経過していないアメリカは新米国家なのであろう。当初のアメリカは、ヨーロッパから移住した多くの白人にとって故国では叶わなかった夢を実現させる「リセット社会」であり、「再起の場」でもあった。

その「新しい国」合衆国の中でもボストン

㉙は「古都」として有名である。貴族階級が存在しないといわれるアメリカにあって、ボストンはいわゆるWASP（白人・イギリス系・プロテスタント）の拠点で、長らく国家の支配階層を生みだしてきた。現在の人口は約六〇万人であるが、勤労者の九割以上は第三次産業に従事している。文化の薫り高い落ち着いた町である。

チャールズタウンはボストン市に含まれる区域で、市の中心部からチャールズ川を隔てて北方に位置する地区である。ここはなだらかな丘陵地帯となっていて、住宅地が広がっている。

現在ボストンには「フリーダム・トレイル」と呼ばれる散策コースがある。主として植民地時代やアメリカ独立戦争にまつわる一六の史跡を徒歩で巡るコースである。市内中心部から出発して「フリーダム・トレイル」を辿っていくと、最後にチャールズタウンに達し、終点に位置するのが独立戦争初期の激戦地バンカー・ヒルの記念塔㉚である。高さ六七メートルにも達して屹立するこの塔は、周辺が住宅地だけに非常に目立つ。

「ハーヴァード・モール」㉛㉝はこの塔から南西に向かって徒歩数分のところにある。ここはジョン・ハーヴァードを追慕して住宅街の一角に設けられたごく小さな公園であり、中央に記念柱が建てられている。公園を囲む壁面には、マサチューセッツ湾植民地初期の指導者ウィンスロップらの功績を讃えた文章も刻まれている。アメリカに渡ったハーヴァードはこの近くに居を構えて妻と共に住んでいたと思われる㉜が、広大な荒野が広がっていたであろう往時の姿を偲ばせるものはない。

㉛ハーヴァードの記念柱
（ハーヴァード・モール内）

㉚バンカー・ヒルの記念塔
（チャールズタウン）

ハーヴァードの記念柱には四角錐台形の台座があり、四つの側面にはジョン・ハーヴァードやその功績について説明した刻印文字があるが、かなり磨り減っている。その説明文はやや長いのでここでは全部を紹介することはできないが、その一部には以下のような文がある。

西暦一六三七年、ジョン・ハーヴァードはイングランドからこの丘にやってきた。彼は自ら会堂で説教を行い、その下の東側斜面にあった家に住んでいたが、一六三八年に財産の半分と蔵書

㉜ハーヴァード・ストリート
（チャールズタウン）

㉝ハーヴァード・モールの門

の全てを一六三六年に創設されたカレッジに遺して亡くなった。この寄付を記念し、マサチューセッツ湾総会は、以前ケンブリッジに建てられることで合意がなされたカレッジを以後「ハーヴァード・カレッジ」と呼ぶように定めた。

西暦一九四三年、ハーヴァード・カレッジの学長と卒業生は、高台のこの場所を公園とすることにしてボストン市に委ね、ジョン・ハーヴァードにちなんで名付けた。

ハーヴァードの渡航

ハーヴァード夫妻はいつイングランドを発ち、またアメリカに到着したのであろうか。決定的なことは不明であるが、一六三七年の七月にはアメリカに到着していたとみなされる。

その年の初めにイングランドにいたことは確実である。一六三七年二月一六日、ハーヴァードはロンドンのセント・オレイヴ教区にある一軒の家屋敷と三軒の小さな家を、おそらく渡航費用に充てるため、ジョン・マンという人物に一二〇ポンドで売却した。これを記録したラテン語の証文が残されている。さらに、ずっとのちの一六六〇年、そのジョン・マンは遺言状で「私がハーヴァードという人から購入したセント・オレイヴ教区バーモンズィ通りにある四軒の家云々」と述べているが、このことはそれを裏付けている。したがって、この時点ではまだ出発していなかったことは疑いない。

次の足跡は、同年八月一日、チャールズタウンの住民として認められたことである。逆に言えば、三月から七月までのハーヴァードの消息はわからない。その間、兄弟姉妹で唯一生き残っていた弟のトマスが死亡するが、その死に際してイングランドにとどまっていたのかも明らかではない。

一九〇八年に『アメリカにおけるジョン・ハーヴァードの生活、ニューイングランドにおける社会的政治的生活』という小著を書いたアンドリュー・デイヴィスは、五月初めにはイングランドを出発してすでに船上の人となり、約一二週間かけて七月後半にアメリカに到着したものと推定する。

ハーヴァードの弟トマスは三七年春に二七歳で死去したが、その遺言が検認されたのは五月五日である。普通、死亡してから遺言が検認されるまでしばらくの時間を要する。おそらくトマスは四月の中頃にその短い生涯を閉じたのであろう。遺言の執行者としては兄ジョンと、母の死亡時と同じく、牧師のニコラス・モートンが指名された。ところがジョンについてはその執行力は保留され、「行使するためやって来たときに」有効である旨の文言が付されている。上記のデイヴィスはこれについて、すでにハーヴァードが出航してイングランドにはいなかったからこそ、このような文言が用いられたものとみなしている。

一方、アメリカへの到着日について、デイヴィスは、当時マサチューセッツで定められた規定に注目する。それは「特別に許可された者以外、定住の意思があるものは三週間以上港に停泊したままでいることはできない」というものである。ハーヴァードが「特別に許可された者」と考えられる理由は見当たらないので、八月一日に住民として認められたのならば、七月後半にはすでに到着していたとみなすのが自然であるとしている。ハーヴァードの伝記を著したシェリーもこのデイヴィス説を踏襲している。

これに対し、『ハーヴァード・カレッジの誕生』のなかで、歴史家モリソンは次のような根拠から、ハーヴァード夫妻がおそらく一六三七年五月末にイギリスを出港し、六月二六日にボストンに入港したと推定し、シェリーやデイヴィスよりも航海に要した期間をずっと短く、三分の一程度に見積もっている。

そのころロンドンのある装身具商がハーヴァードから三〇〇ポンドの借金をしていた。この装身具商が、その金を次の聖霊降臨祭（五月二八日）に返済すると約束した五月二六日付の証文が見つかったので、ハーヴァードはその大金を回収してから出発したとみるのが自然である。したがって、回収の数日後、三〇日か三一日にイングランドを後にしたとみなされる。ちなみにモリソンはこの証文の発見者レスリー・ホッソン博士を「シャーロック・ホームズ」になぞらえている。

また、ボストン港到着は六月二六日と考えられる。モリソンは、当時の入港記録から判断して、ハーヴァードがヘクター号という船でやってきた可能性が高いとしている。ウィンスロップの『日誌』によれば、その日の記録に「ロンドンからヘクター号と他の一隻の船が到着した。これらの船でダヴェンポート氏ともう一人の牧師、およびかなりの資産家で信仰心も篤く、外国の事情にも通じている二名のロンドン商人イートン氏とホプキンズ氏もやってきた。」との記述がみられるからである。もっとも、聖職に叙任されていないハーヴァードを「もう一人の牧師」とすることはできない。

近年『日誌』を編纂したリチャード・ダンは、この「もう一人の牧師」はケンブリッジ大学モードリン・カレッジ出身のサミュエル・イートン、すなわち後述するイートン兄弟の一人で、セオフィラスの弟にしてナサニエルの兄である可能性が高いとみている。ウィンスロップの『日誌』には続々とマサチューセッツに到着するほとんどの主要人物について言及されているが、ハーヴァードについては死後の遺産の寄付について触れられている以外には記述がない。アメリカに到着した時点ではその存在は目立たなかったのであろう。

モリソンは「三週間以上の停泊はできない」とした先の規定については何も述べていないが、さまざまな状況を勘案すると、ハーヴァード夫妻が大西洋を渡ったのはモリソンの推定する時期とみなすのが矛盾がないようだ。

早くても六週間といわれた当時の大西洋横断航路で、一ヶ月以内の到着はよほど東からの順風に恵まれたと思われる。ちなみに最初にプリマスに渡ったメイフラワー号も、ウィンスロップらを乗せてマサチューセッツに着いたアーベラ号も、アメリカ到着までに二ヶ月余りを要している。ではハーヴァードが経験したころの大西洋渡航の実態はどのようなものだったのであろうか。

当時の大西洋航海

アリスン・ゲイムズの研究によれば、そのころ大西洋を横断してイギリスからアメリカに航行するシーズンは、季節風の関係で春から初夏にかけてが一般的であった。一六三五年を例にとると、ニューイングランドへの移民船は一七隻あったが、そのうち一三隻は四月から七月までに出港している。ちなみに他は九月に二隻、三月と八月に一隻ずつであった。

渡航運賃は、一三歳以上の大人料金の場合、一人当たり五ポンドが標準であった。八歳から一二歳はその三分の二、四歳から八歳は半分、四歳以下は三分の一、乳児は無料と定められた。また荷物の運賃には一トンあたり四ポンドを要した。ピューリタンの渡航は家族そろっての移住が多い。したがって、新天地での生活に備えた日用品、家財道具、食糧、家畜なども運搬しなければならず、例えば両親と子供三人の一家で移住する場合、総渡航費用は一〇〇ポンド近くに達したという。

当時の標準的ヨーマン（独立自営農民）の年収は五〇ポンド前後といわれるので、借金をして渡航費用を捻出した者も多かった。もっとも移民者には年季奉公人といわれる強制労働者も多く、彼らは一般に若く十分な教育を受けていない下層階級出身者であった。彼らは通常四年契約で使役されたが、そのまま使用人として現地にとどまる者も多かった。

先述のように、ジョン・スミスが著し、一六三一年に公刊された『ニューイングランドへの植民者に』という小著では、一六二九年に三五〇人の男女や子供が多くの家畜をつれて移民し、また現地の

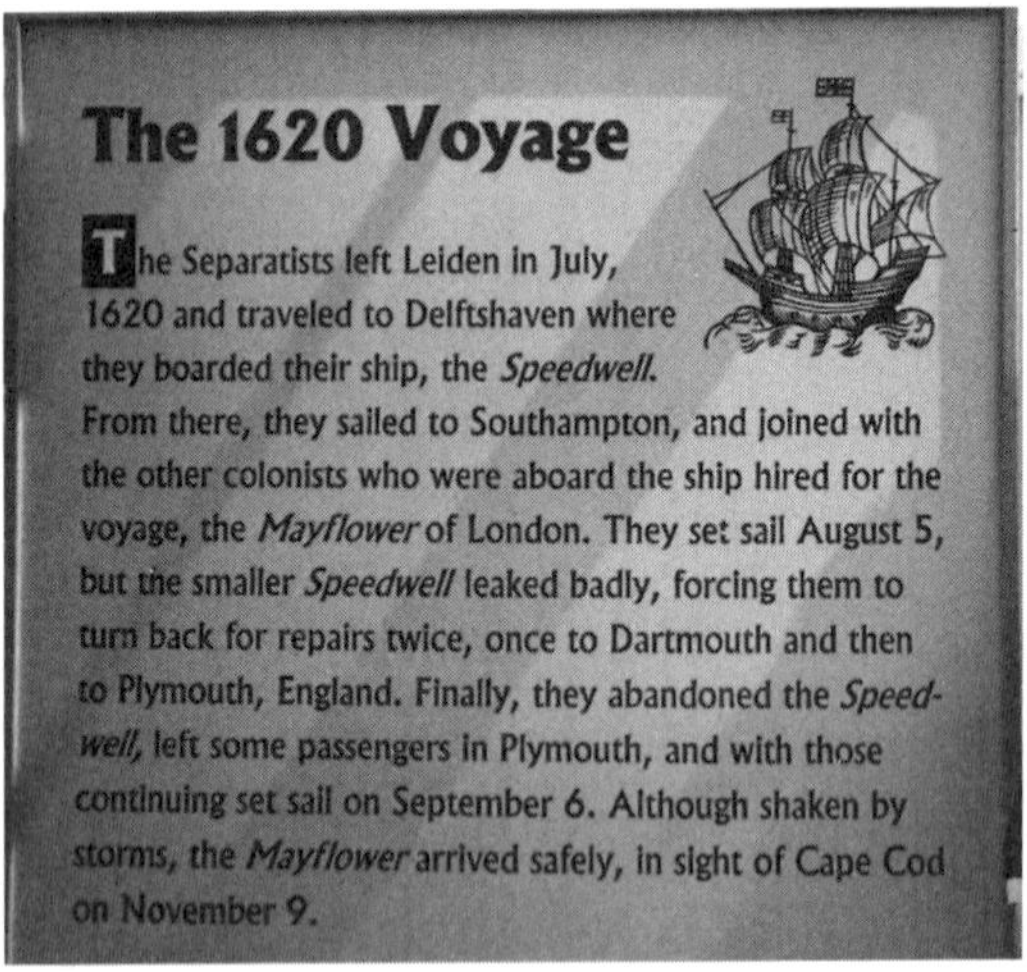
The 1620 Voyage
The Separatists left Leiden in July, 1620 and traveled to Delftshaven where they boarded their ship, the Speedwell. From there, they sailed to Southampton, and joined with the other colonists who were aboard the ship hired for the voyage, the Mayflower of London. They set sail August 5, but the smaller Speedwell leaked badly, forcing them to turn back for repairs twice, once to Dartmouth and then to Plymouth, England. Finally, they abandoned the Speedwell, left some passengers in Plymouth, and with those continuing set sail on September 6. Although shaken by storms, the Mayflower arrived safely, in sight of Cape Cod on November 9.

㉞メイフラワーII世号（プリマス）（上）とその案内板（下）

非常に豊かな食糧や資源に恵まれて、セーラムやチャールズタウンなどで、マサチューセッツの村を形成して暮らしている様子が描かれている。その描写は、あたかもノアの一族が「方舟」で大西洋を渡ったかのようである。もっとも、生活の現実は牧歌的なものとは程遠かったであろう。

「方舟」たる渡航船の大きさについて言えば、有名なメイフラワー号が標準サイズといわれる。現在、プリマス港にはメイフラワー号を模した「メイフラワー二世号」が係留されており、内部も公開されているので、往時の様子を追体験できるが、これは「元祖」メイフラワー号よりも一回り大きい㉞。メイフラワー号は一八〇トンで、長さ二七メートル、最大幅七・六メートルであった。乗船後、移民たちは甲板下の共同居住室に身を寄せ合って、正に神に身を委ね、波に揺られつつ無事な到着を祈りながら静かに船内の時間を過ごしたのであろう。

メイフラワー号には一〇二人が乗船していたが、この人数も標準的とみなされよう。ウィンスロップの『日誌』から引き出したデイヴィスの結論によれば、一六三〇年代にはおよそ三〇〇隻の船が二万人余りの移住者をマサチューセッツに運んだ。したがって一隻あたりの平均は約七〇人であるが、最大では二二〇人、最小では一〇人とみなされる。これにふつう数十名の船員が加わった。乗客は運命共同体の成員として強い連帯感で結ばれていたが、一方でプライヴァシーとは無縁な船内の狭い居住空間に押し込められたため、些細なことから発する争いも日常的に起こったと思われる。

航海の実態は今日のわれわれには想像もつかない困難なものであった。船中での単調な日常、粗末な食事、船酔いなどはまだ許容範囲内にしても、緊張と不安から生ずるストレスがしばしば乗客の精神を苛立たせたであろうことは容易に想像できる。そのためにいさかいが頻発し、情緒不安定になる者も少なくなかった。

理由はよくわからないが、ニューイングランドの基を築いたピルグリム・ファーザーズの指導者ブラッドフォードの妻は、メイフラワー号がほとんどアメリカに到着して上陸地を模索していたときに、凍てつく海に落ちて死亡した。事故説もあるが、航海中もふさぎ込むことが多かったので、おそらく自殺であろうといわれる。

もちろん嵐に遭遇すれば生命が脅かされた。実際、乗船後はひたすら航海の安全を神に祈りながら運命に身を任せたのであろう。無線通信もレーダーもなく、望遠鏡でさえ本格的に使用されてから三〇年も経っていない時代である。一旦遭難すれば救助される可能性はほとんどなかった。

それだけに新天地に無事到着した時の安堵感は筆舌に尽くしがたいものであった。ピルグリム・ファーザーズが結んだ「メイフラワー契約」と、ウィンスロップの行った「説教」はそれぞれ、上陸後ではなく、上陸前に船上でなされている。これは自分たちを無事に新大陸に送り届けてくれた神の加護に感謝し、同時に神の意思に違うことなく新天地で「地上における神の栄光の実現」を目指すことを改めて決意表明したものと解釈できる。

なお、児童文学ではあるが、家族とともにメイフラワー号で新大陸に移住した少女の目を通して、航海の困難やアメリカ到着後の厳しい生活を生き生きと描き出したキャスリン・ラスキー著『メイフラワー号の少女』などは、このあたりの状況を実感できる良書である。著者自身が大西洋を小舟で横断したという貴重な体験の持ち主であればこそ、描写が真に迫っているのであろう。

ニューイングランドとヴァージニア

現在のアメリカ合衆国の直接のもとが一六〇七年に始まったヴァージニア植民地の形成であることは一般に知られている。先にも述べたが、これは奇しくもジョン・ハーヴァードの生年に当たる。けれども、ヴァージニアへの入植者はニューイングランドとは大いにその性格を異にする。

最初に植民した時期こそ十数年遅くなるが、後年「アメリカ史の原点」として語られる場合、圧倒的にニューイングランドについての方が多い。A・リンカーンやJ・F・ケネディらも、演説や教書の中で、初期ニューイングランドのエピソードを多用しながら「アメリカ精神」について語っている。中でもピルグリム・ファーザーズなどはほとんど神話化しているといえよう。

これに対し、ヴァージニアに最初に到着した一〇五人の大部分は、前世紀にエル・ドラード（黄金郷）を目指して中南米に渡ったスペイン人のコンキスタドレス（征服者）のごとく、物欲に駆られた男たちの集団であった。当初は農耕を経済的基礎にしての定住志向は弱く、「半年後の麦」よりも「今日の黄金」を求めていた。命知らずの荒くれ男集団ではあったが、プリマスと同様、最初の冬を過ごしたときにおよそ半数の命が失われた。ジョン・スミスを救った先住民少女ポカホンタスのエピソードのように、後世に伝説化した出来事もあったが、「アメリカ史の原点」という観点ではやや影が薄い。

ジョン・ハーヴァードがアメリカに渡ったころ、ニューイングランドとヴァージニア周辺のチェサピークとでは植民地の性格や社会構成が大きく異なっていた。両者はこれより二百数十年のちに勃発する南北戦争で戦火を交えるが、その対立の種は植民地の開始時代にすでに胚胎していた。端的に言えば、両者は最初から別世界の印象が強い。その相違点は次のようになろう。

まず第一に、当然入植目的の違いがある。自分たちの理想とする宗教的共同体、すなわち「バイブル・コモンウェルス」の建設を目指したニューイングランドと比較すると、初期ヴァージニアの移住者集団では宗教色が薄かった。もっとも、文言上は先住民の教化が重要な入植目的とされていた。

第二に、家族を伴って移住することが多かったニューイングランドでは、入植者に女性や子供も多く含まれた。けれども、入植当初、住民のほとんどが男性であったヴァージニアでは、しばらく家庭生活とは縁がなく、一六一九年に九〇人の「花嫁」を乗せた船がやって来て以後、ようやく安定した家族生活が営まれるようになった。

第三に、ニューイングランドでは主としてケンブリッジ大学を卒業したインテリが多く、識字率も高かった。したがって教育熱も概して高く、早くからグラマースクールやカレッジ、すなわちハーヴァード・カレッジが設立された。ヴァージニアの識字率はこれと比較するとはるかに劣った。

第四に、暑く湿気の多い土地柄のヴァージニアでは病気も発生しやすく、住民の寿命も概して短かった。それに先住民による激しい攻撃が加わって、まもなく存立の危機を迎え、二四年には王領植民地となって本国派遣の総督の下に置かれた。これに対し、ニューイングランドでは長く実質上の自治が維持された。

第五に、ヴァージニアではタバコ栽培で農園経営が成り立つ見通しが立つと、一六一九年に早くも二〇人の黒人奴隷が輸入され、以後徐々にその数を増していった。その結果、奴隷制度による独特のプランテーションが発展したことは周知のとおりである。ニューイングランドでも三七年から奴隷が輸入されたが、その数は少なかった。また一般の年季奉公人の割合もヴァージニアの方がはるかに高く、彼らはやがて小作農化していった。

以上のことは次に示した数字によっても裏付けられよう（ゲイムズらによる）。ただし、近年の研究では、両者の相違点よりも、むしろ共通点の方が注目されていることも付け加えておく。

	ニューイングランド	ヴァージニア
・全人口に占める女性の比率（%）	三九・一	一三・六
・全人口に占める一五歳未満の人口（%）	三一・九	三・八

・全人口に占める年季奉公人の割合（%）　三三・八　七七
・成人男性識字率（推定）　九割　五割
・成人女性識字率（推定）　六割　二割五分

プリマスとマサチューセッツ

マサチューセッツへの大移住に先立つこと一〇年、一六二〇年にブラッドフォードら分離派を主とする一〇二人のピューリタンの一団がメイフラワー号でアメリカに渡り、プリマス植民地を形成してニューイングランドのもとをすでに築いていたことは有名である。

このいわゆる「ピルグリム・ファーザーズ」は上陸を前に船上で「メイフラワー誓約」を交わし、「神の栄光のため、キリスト教の信仰を増進するため、王と祖国の名誉のため」植民地を建設する旨を明らかにしている。

ただ、高校教科書などでは「イギリス国王ジェイムズ一世の宗教的弾圧を逃れてアメリカに渡った」と説明される彼らではあるが、「メイフラワー誓約」においては「君主ジェイムズ王の忠実な臣下」であることを強調していることも見逃せない。本国を徹底して拒否する「反逆の徒」ではなかったのである。以前に彼らは一時オランダへの定住を試みたものの、そこは安住の地とはならなかった。その理由の一つには、一緒に移住した子供たちがしだいにイギリス文化を忘れ、やがてそれを失ってしまうことへの危機感があったといわれる。

また、マサチューセッツやプリマスに渡った入植者たち自身が、自分たちを意識的に「ピューリタン」と呼んで強調していたわけではない。ブラッドフォードやウィンスロップの『日誌』にも「われわれピューリタン」という言い回しは出てこないし、この言葉が元々イングランドで使われ始めた頃は、中世の異端カタリ派（ギリシア語で「清教徒」）を暗示させる蔑称であったという。

ところで、植民地としてのマサチューセッツとプリマスは、同じニューイングランドにあり、同じ会衆派とみなされる人々によって形成された点では共通している。プロテスタントとは名ばかりの、改革が不徹底なイギリス国教会への不満を共有し、同様に「ピューリタン」と呼ばれて自分たちの手で新天地アメリカに聖書に忠実なキリスト教共同体、いわゆる「バイブル・コモンウェルス」を実現するためアメリカに渡ってきた。けれどもこの両植民地もいくつかの点で大きく異なっている。

第一に、同じ会衆派に属してはいるものの、両植民地への移民たちの間には会衆派内右派と左派との違いがある。プリマスへ入植したピルグリム・ファーザーズの指導者たちは同派の左派であり、イギリス国教会からの決別を志向していたため分離派と呼ばれるが、マサチューセッツへの入植者たちは右派の非分離派であった。すなわち、マサチューセッツへの入植者は会衆派には属するが、国教会を見限ってそこからの完全な分離を目指したわけではなく、高教会派（カトリック寄りの国教会派）とは明らかに対立したが、中道的な国教会とは付かず離れずの関係にあった。

むしろ「バイブル・コモンウェルス」を実験的にアメリカに建設して模範を示し、やがてはイギリス本国にも新天地での実践をいわば「逆輸入」する形で持ち込み、彼らの目指す真に浄化されたイギリス国教会を実現しようとするものであった。ウィンスロップはその説教のなかで「世界中の人々の目がわれわれに注がれている」と述べているが、自分たちの試みの成否が広くピューリタン運動の帰趨を決していくという自負があったのであろう。

第二に、自然環境の相違がある。マサチューセッツはプリマスよりもはるかに自然条件に恵まれていた。岩場の多いプリマスでは入植後も人口が余り増えていないが、これは農耕に適する土地が限られていたことを裏付けるものであろう。さらに、良港にも恵まれなかったようで、プリマス以外の貿易港は発展していない。結局プリマスは一七世紀末にマサチューセッツに併合されるが、単独で農業や商業を発展させて植民地を営んでいくには自然条件の面で限界があったのであろう。

第三に、入植者の社会階層の違いがある。マサチューセッツに渡ってきた人々は、少なくとも指導者層に関する限り、比較的富裕な中産階級の出身者がかなりいた。彼らは本国からさまざまな道具や生活必需品をもたらすことができた。貧困層が多くほとんどが借金を背負って大西洋を渡ってきたピルグリム・ファーザーズとは、この点で対照的であった。また、ピルグリム・ファーザーズには大学卒業者がいなかったし、初期植民地時代においては牧師の質もかなり低かった。

恵まれた自然環境

前章でも述べたように、一六二八年、屈強な軍人エンディコットの率いる一団はすでにセーラムに入植していた。翌二九年三月、国王の特許状によってマサチューセッツ湾会社が正式に認可されると、第一陣として直ちに六隻の船が約三五〇人の移住者を乗せてニューイングランドに向かった。そして一六三〇年、一一隻の船が約一〇〇〇人を新大陸に運び、大移住が開始されたのである。

敬虔なピューリタニズムに基づく「新しいイスラエル」の建設という理想を抱いていたとはいえ、宗教理念だけを論じながら霞を食って生きるわけにはいかない。まずマサチューセッツの人々は経済的基礎を着実に発展させることから着手した。現代の歴史家ポール・ジョンソンによれば、入植以来マサチューセッツ一帯が深刻な飢饉に見舞われたことは一度もないという。その意味で、自然の豊かさを誇大に喧伝した前述のスミスの著書は「虚偽広告」の誹《そし》りは免れるであろう。

正に神の加護か、マサチューセッツ一帯はアメリカ東海岸の中で最も肥沃な地域のひとつであった。穀物では、まず麦に比べてはるかに簡単にかつ多量に生育するトウモロコシが栽培された。カボチャやインゲン豆、トマトなどの野菜も豊かであった。自生していたクリ、クルミ、バターナッツなどの豊富なナッツ類や、スモモ、サクランボ、カキなどの果物は主食を補完したし、持ち込まれた多種の果樹も容易に栽培できて実を付けた。

イングランド産の牛肉は初め不足気味であったであろう。しかし野牛や鹿が仕留められ、さらに七面鳥やガチョウなどの肉が多く食卓に供された。牧草にも恵まれていたため、本国から持ち込まれた牛などの家畜もしだいに数を増し、ほどなく需要を満たすようになった。多数生息する野生のミンク、イタチ、クロテン、ビーヴァー、ラッコなどの皮革や毛皮は本国への重要な輸出品であった。

それだけではない。豊饒な森林の間を通過する水の流れは次々に合流して川となり、その川から海へ豊富な栄養素が流れ込んで、沿岸に恵まれた漁場を育んだ。そこでは植民地人に数多くの種類からなる海の幸、すなわち、タラ、ブリ、バスや、カニ、エビ、ハマグリ、ムール貝などを提供した。

さらに、深く生い茂る豊かな森林は上質の木材や燃料としての薪を無尽蔵に提供した。家屋や船舶の建造、家具の製作にうってつけであった。しばらくするとマサチューセッツでは多数の船が建造され、漁業や貿易に活用されるようになる。ただし、得られた資源が先住民の所有に帰するものか否かという根本的な問題は、ロジャー・ウィリアムズらを除けば、ほとんど論じられることはなかった。

「タウン」の形成

マサチューセッツは元来一種の会社組織として発足したが、実際には営利を目的とする「会社」という性格は薄れ、宗教的共同体としてスタートすることとなった。ハーヴァードが到着した一六三七年までのマサチューセッツへの入植者人口は約一万人あまりで、そのうちチャールズタウンには約一五〇軒の家並みがあり、およそ六〇〇人が暮らしていたと推定されている。

当時のマサチューセッツは十数ヶ所の「タウン」とよばれる集住地区から成り立っていた。日常生活はタウンを単位として営まれた。タウンはマサチューセッツへの本格的な入植後一〇年で、二二までに増加した。後述のピークォット戦争に際しては、各タウンから成人男性の数に応じて民兵九〇名が徴集されたので、その割り当て数は各タウンの規模に比例すると考えられる。

『マサチューセッツ湾植民地記録』に基づくデイヴィスの調査によれば、その人数は多い方から、ボストン、セーラム、イプスウィッチ、ソーガス（リン）、ウォータータウン、ドーチェスター、チャールズタウン、ロクスベリ、ニュータウン（のちケンブリッジ）、ニューベリ、ヒンガム、ウェイマス、メドフォード、マーブルヘッドの順となる。最後の二つのタウンからの徴集者は四名のみであった。

デイヴィスはまた固定資産税の地域格差も示している。その高い順に挙げると、ボストンが筆頭で、二番目にセーラム、三番目にドーチェスターとチャールズタウン、四番目にニュータウン、ソーガス、メドフォード、ニューベリ、ヒンガム、ウェイマスとなるという。こうしてみると、チャールズタウンはごく平均的なタウンで、当時の人口はおよそ六〇〇人程度、家屋数は一五〇軒ほどと推定される。ちなみにボストンの人口は、定住者が一五〇〇から一六〇〇人であったが、時期によってはこれにイングランドからやってきたばかりの一時的滞在者が加わり、その場合は二〇〇〇人くらいになったとみなされる。

新参者はまず仮住まいの掘立小屋で風雨を凌《しの》いだ。渡来した時期は春から夏が多かったので、それほど寒くない時期に、厳しい冬を過ごすことのできる家を構えておくのが当面の仕事であった。家を建てるに当たっては、木材こそ豊富であったものの、石灰不足を補う必要があり、そのために二枚貝や牡蠣の殻を焼いて生石灰にし、漆喰に利用したという。また煙突を造るのは大いに苦労が伴い、木の枠の表面に粘土や泥を塗って間に合わせたが、しばしばそれらが剥がれ落ちたり、ひび割れしたりして枠の板が燃えてしまい、火事に至ることも多かった。

比較的豊かな者は広い敷地や所有地を持っていた。原野を手入れした牧草が生い茂る牧場で使用人を雇って家畜の世話をしたり、家庭用の果樹や野菜を栽培していた一家もあったであろう。全体的には「勤勉かつ禁欲的に神から授けられた職業に勉励する」というピューリタン倫理がかなり浸透していたので、タウンの人々は朝に夕に聖書の一節を朗読し、神に祈りを捧げながら日々暮らしていた。日曜の午前中には教会に通い、牧師の説教に注意深く耳を傾けたに違いない。

マサチューセッツの政治体制

入植当初、マサチューセッツの組織や運営方法をめぐって多少の混乱があった。最初の数年間はほとんど総督ウィンスロップの独占的なリーダーシップによって運営されていたが、一六三四年にその専横に対する反対派の「クーデター」が起こり、その後三〇年間続けられる基本的な政治体制が形成された。総督とはマサチューセッツを統括する最高指導者であり、副総督がこれを補佐し、それぞれ一名置かれた。

ウィンスロップは冷静な性格で、指導者たちの融和に努めたが、信念に対しては頑固一徹で寛容性に乏しい面もあり、気性が激しく強情な副総督のダッドリと相性が悪く、両者の間には確執が絶えなかったという。三四年にはウィンスロップに対する反乱分子の意向を受けて、ダッドリが総督に就任したのであった。

マサチューセッツでは事実上本国からの自治が認められていたが、このことは入植者全員が政治に参加できたことを意味するものではない。最初の入植から二〇〇年後、フランスの歴史家アレクシス・ドゥ・トクヴィルは大著『アメリカの民主政治』（一八三五年）で、アメリカ、特にニューイングランドでは、植民地時代の最初から民主政治が著しく発展していたと解釈している。しかし、初期のマサチューセッツに限って言えば、その実態は一種の寡頭政治であり、ウィンスロップなどは本来の意味での民主政治を軽蔑していた。

初期のマサチューセッツで政治に参加できたのは「公民」と呼ばれる資格を持った成人男子で、これには何よりもピューリタン系教会の教会員であることが条件であった。人口のかなりを占める年季奉公人などは政治に参加することができなかったし、裕福であっても教会員として認められなければ公民にはなれなかった。その意味では初期のマサチューセッツは閉鎖的なコミュニティであった。なお、公民は元々マサチューセッツ湾会社の「株主」を意味していた。

公民となるには所属する教会の長老の前で信仰告白を行い、彼らの認証を受ける必要があった。ピューリタンによる神権政治を構築していこうとするマサチューセッツの建設理念に叶うかどうかの厳しい思想チェックを経てから、一人前の植民地人と認められるというわけである。公民の数は三一年で一一八名、三四年で三四八名で、以後徐々に増していったが、一般には全人口のほぼ十分の一程度であったと推定される。教会員であることを前提とするこの公民制度は一六六四年まで続いた。

マサチューセッツの立法・行政・司法に強い権限を持っていたのが総会である。総会は年四回開かれ、うち一回は公民が一堂に会して総督と政務官を選出した。他の三回は各タウンから公民によって二名か三名ずつ選出された代議員が出席して開催された。いわば直接民主政と間接民主政の折衷方式を取っており、政務官会議はのちの上院に、総会は下院に連なるものといえる。

政務官は植民地運営の幹部に当たる。政務官は原則として一八名置かれ、総督、副総督、補佐官の各役職者を指した。彼らはそれぞれに信念こそ強かったが、一般に不寛容でもあった。そのため政務官同士の対立がしばしば起こり、不満分子の中にはマサチューセッツを去って本国イギリスに帰国したり、またアメリカの他の地域に移ったりする者も少なくなかった。

総督ウィンスロップ

草創期のマサチューセッツで長く総督を務めたのがウィンスロップである。ウィンスロップは一六三〇年に初代総督に選出され、三一年から三年間その職にあった。その地位は三四年にダッドリ、三五年にヘインズ、三六年にヴェインと交替したが、三七年には再びウィンスロップが復帰し、またも三九年までの三年間総督にとどまった。ハーヴァード夫妻がアメリカに到着したときはウィンスロップが総督に復帰した時期であった。

ウィンスロップはその後も四二・四三年、四六・四七・四八年と計一一年間も草創期マサチューセッツの総督を務め、一六四九年に死亡した。したがって、初期マサチューセッツ湾植民地において最も影響力の大きい指導者といえる。彼の残した『日誌』は彼の時代の植民地の状況を知る上できわめて貴重な資料である。

そのウィンスロップも私生活では恵まれなかった。ケンブリッジ大学のトリニティ・カレッジを中退した一七歳のとき最初に結婚し、一八歳で父親となって以来、三度も妻に先立たれたので四回結婚した。合計一六人の子供をもうけたが、彼自身より後に生き残っていたのは三人だけであった。マサチューセッツで指導者となってからも次々と降りかかる難問に対処せざるを得なかった。七難八苦を与えられながらも頑なまでに自己の信念を貫き、終始不寛容ながら、ひたむきに神を信仰するその姿はヨブさえ彷彿とさせる。

前章でみたように、二九年夏、マサチューセッツへの大移住構想を打ち立てた一二人の有志がケンブリッジに集まって「ケンブリッジ合意」を交わし、多数の同志を募って翌年計画を実行する決意を固めた。しかし、ウィンスロップがずっと以前からそうした構想を描いていたわけではない。

その年の三月、「マサチューセッツ湾会社」はアメリカでの植民活動に関する国王チャールズ一世の特許状を得ていた。それによれば、会社は北緯四〇度から四八度までの植民権や統治権などを持つことを許可されるが、金銀が発見された場合はその五分の一を国王に支払うというものである。ウィンスロップは周囲から指導者となるよう請われていたが、その時点ではそれほど移住への情熱がたぎっていなかった。

しかし、七月に会社関係者の間で思いがけない重要な「発見」が行われたことは、植民活動のあり方に大きな転機をもたらした。それは、理由は不明であるが、特許状の中に会社の所在地に関する規定が一切ないことであった。このことは国王の影響力を免れて「自由の大地」アメリカで自分たちの思い描くユートピアを存分に築くことができる、という保証がなされたことでもあった。植民を志向していた人々はにわかに活気づき、以後大規模な植民に向けての具体的な準備が進められた。

「マサチューセッツ」とはアメリカ先住民のアルゴンキン語で「大いなる丘のそば」を意味するという。その言葉が「ケンブリッジ合意」のずっと以前から使用されていたことから考えると、初代総督ウィンスロップが、これから自分たちの造り上げるべきユートピアを聖書の一語句「丘の上の町」で表現したのは、あらかじめ「マサチューセッツ」の語意を知っていてそれにかけたのだろうか。

ウィンスロップは新約聖書の「マタイによる福音書第五章十四節」にあるイエスの言葉「あなたが

たは世の光である。丘の上にある町は隠れることができない。」を典拠に、新天地のこの「大いなる丘のそば」に「丘の上の町」を建設することがかの地に上陸した彼らの使命であり、それこそが神意に叶うことであると唱えたのである。ちなみに前節は有名な「地の塩」のエピソードである。

しかし、上述のように、「アメリカの原点」と目されるニューイングランドは、最初から民主主義を誇りにしていたのではない。むしろ、ウィンスロップが「民主主義は…あらゆる政治形態のうちで最も卑しい最悪のものと思われる」と述べるように、寡頭政のピューリタン神権政治にあって、政治はごく一部の高度な神学の知識に通じた確固たる宗教的信念の持ち主、いわゆる「聖者」に委ねられるべきものであった。正しく古代の預言者による神権政治が最高のモデルとされた。聖職者自身は代議員や政務官とはならなかったが、彼らの意向は植民地の運営に少なからず反映された。

ジョン・ハーヴァードのアメリカ

モリソン説に拠って、ハーヴァード夫妻が六月二六日にボストンに到着したとすれば、その後の足跡はどうなるであろうか。おそらく七月は仮住まいに身を寄せながら定住地を探したことであろう。到着直後はしばらくハッチンソン夫人とピークォット戦争の話題で持ちきりであったと思われる。まもなくチャールズタウンに移り、前述のように八月一日にはタウンの住民として認められている。住民や教会関係者との交流も徐々に深めていったと思われる。

夏の終わりの八月三〇日にはニュータウンで教会会議が持たれた。これはハッチンソン夫人問題に対処するためのものであったが、ウィンスロップは「植民地の長老は全員出席し、ダヴェンポート氏らのように、イングランドからやって来た新人で、まだどこからも招聘されていない者も何人か参加した」と記しているが、到着して間もないハーヴァードがこの「新人」に含まれていたかどうかはわからない。

チャールズタウンでハーヴァードは広大な敷地と牧場を持つ家に居を定め、一一月二日には総会から、他の四人とともに、選挙資格を持つ公民としての承認を受けた。また同月六日、妻アンとともにチャールズタウン教会の教会員として認められた。こうしてハーヴァードはマサチューセッツ湾植民地を支えるスタッフの一人となった。将来の活躍を嘱望されていたことであろう。後述のように、この時期にはハッチンソン夫人問題にも解決の見通しが生じ、同月下旬にはカレッジ設立に向けての動きが再開された。

ハーヴァードがアメリカに在住したのはわずか一年余りである。その間、公民や教会員として承認されたように、植民地生活に根をおろすための断片的な記録は多少残っているものの、具体的にどのような活動をしていたかについては不明な点が多い。特に、アメリカでただ一度だけ過ごしたその冬の行動についてはほとんど手掛かりがない。

一九世紀中葉に著された『チャールズタウンの歴史』によれば、ハーヴァードはその冬に土地の割当てに与《あずか》った。マサチューセッツ湾植民地から与えられたのか購入したのかは定かではないが、家については、ハーヴァードが自分で建てたとは考えにくい。おそらく購入したのであろう。けれども、デイヴィスによると、ハーヴァードの資産を記録しているはずの当時の資産記録簿には、索引でこそ掲載されているが、肝心の記録そのものは失われているという。

それでもハーヴァードの所有地の隣接地を所有していた人たちの記録は残されており、それらを調べるとハーヴァードの所有地が二〇回も登場するので、土地の概要は把握できるようだ。それによれば、ハーヴァードの土地は場所によってニュータウンに面したり、東側の原っぱに面したり、ミスティック方面の沼地に面したりしていた。

なお、「ハーヴァード氏が建てた家に泊まった」という証言がある。ずっと後にジャッジ・スウォールという人物が一六九七年一月二六日付で記しているところによれば、彼は牧師シェパードの夫人の家に滞在したことがあり、夫人からその家はハーヴァードが建てた家だと聞かされたという。だが、その「建てた家」がハーヴァード夫妻が住んでいたものなのかどうかも含めて、信憑性は不明である。

また、断片的な証言から、ハーヴァードはチャールズタウン教会の教師をしていたとみられ、時に説教も行ったようである。教会の教師とは聖書の章句の意味や正しい解釈を人々に教示する職務である。その頃チャールズタウンの牧師だったのはゼカライア・シンメスという人物であったが、彼は性狷介《けんかい》にして人と衝突することが多かったという。ただハーヴァードが正式に教師に任命された記録は見出されていないので、一時的な牧師の補佐であったとも考えられる。

教会関連の仕事とは別に、三八年四月、ハーヴァードは六人から成る「法律委員会」の委員に任命された。総会が「神が摂理によってわれわれに与えられた時と場所に相応しい、必要かつ基本的な法律を作り上げるため」、マサチューセッツの異なったタウンの公民から委員を選出したのであった。当時はまだ草創期の混乱が完全に解消されていたわけではなく、また相次ぐマサチューセッツ湾植民地からの離反者の存在や宗教論争の中で、安定した社会を築くために法律の整備が急務とされたのであろう。

いずれにせよ、このような委員に委嘱されていることから、この時点ではまだハーヴァードの健康状態に特別な問題は生じていなかったと推測される。また、ハーヴァードはマサチューセッツの重要なスタッフの一員として期待されていたことも判明する。膨大な蔵書には法律関係のものも含まれたのであろうか。ただ、ウィンスロップの日記にジョン・ハーヴァードの名が現れるのは、その亡き後にカレッジに対する多額の金と蔵書の寄付者としてのみである。

ハーヴァードと設置が計画されていたカレッジとの関係はどうであろうか。これについても直接物語る記録はないし、ハーヴァードが自らの名を不滅にした開校直前のカレッジを実際に見学したかどうかも定かではない。すでに述べた通り、カレッジの設立が決定された三六年一〇月、ハーヴァードはまだイギリスにいた。アメリカにやって来たのはその約八ヶ月後である。ただし、設立こそ決定されたものの、植民地にのしかかった重要問題により、設立が決定されて後の一年間はカレッジ建設に向けての具体的な動きがほとんどなく、事実上、計画は凍結状態であった。ハーヴァードが移民してきたのはちょうどこの中断期に当たる。

カレッジ設立の決定

ハーヴァード大学は「アメリカ最古の大学」といわれる。しかしアメリカ大陸全体でみるとヨーロッパ人によるカレッジ創設の試みは何度か繰り返されていた。実際、ラテン・アメリカではメキシコ市やペルーのリマ市で、一六世紀中葉、スペイン人によってすでに先住民の教化を目的とした西欧式の大学が設置されていた。

イギリス領北米植民地においても、植民地が形成されてから一〇年しか経っていない一六一八年以来、ヴァージニアで先住民の改宗を目指した大学の設立が計画された。ジョン・ハーヴァードの母カサリンの三度目の夫であるヤーウッドの縁戚者で、ヴァージニア植民地総督を務めたジョージ・ヤードリーらを中心に、カレッジ設立が計画されたのである。主に財政上の理由からこの話は立ち消えとなったようだが、これには大学卒業者が少なく、植民地形成の宗教的理念も明確ではなかったヴァージニア植民地独特の成立事情も絡んでいよう。財政上の問題はマサチューセッツでも深刻であったからである。

ニューイングランドでも、一六三五年ころ聖職者ジョン・スタウトンが先住民の改宗を目的としたカレッジを構想したが、ほとんど注目を浴びなかった。スタウトンの提案は二〇行にも満たない短いものであるが、そこでは、キリスト教王国を拡大するため先住民の子供たちを教育し、言語を学ばせ、十分な図書館や教育に必要なものを備えた場所を提供すべきことが説かれている。

ケンブリッジ出身者を主とするインテリが多く、また彼らの思い描く神権政治の実現のため、高度な教養に裏付けられた聖職者や指導者を求めるニューイングランドでは、早晩大学設立の話が持ち上がったに違いない。

㉟最初のグラマースクール跡（ボストン）

マサチューセッツではすでに三五年にボストンで、次いで三六年にチャールズタウンで、主としてラテン語を学ぶグラマースクールが始められている。もっとも、教場は教師の自宅であった。ボストン最初のグラマースクールが建てられた場所は現在ホテルになっており、入口横の壁に記念の銘板が付けられている(35)。通りの名前もスクール・ストリートという。また、のちの一六四七年の法令では、一〇〇家族以上が居住する地区にはラテン語のグラマースクールが創られなければならないことが定められ、その時点ではボストン以外に六校が存在していた。なお、セーラムでも三七年に同様の学校が建てられていた。

ハーヴァード大学の「創立年」は一六三六年とされる。その意味するところは次のようなものである。

同年一〇月二八日に開催されたマサチューセッツ湾植民地総会には、前年に移住してきてその年に赴任した弱冠二三歳の若き貴公子ヘンリ・ヴェイン総督、副総督ウィンスロップ、四三名の代議員が出席した。さまざまな案件が片づけられたのち、最後にようやく「学校かカレッジに対し四〇〇ポンド拠出することに同意する。うち二〇〇ポンドは翌年に、あとの二〇〇ポンドは事業が完成したときとする。次の総会でどこにどんな建物を造るかを決定する。」との議決がなされたのであった。

この文言をそのまま受け取れば、初めから「大学（カレッジ）」の創設が決まっていたのではなかった。またここで言及されている「学校」がどのようなものでイメージされていたかも具体的には示されていない。オクスブリッジ風の学寮（カレッジ）制度ではなく、もっぱら通学生による比較的費用のかからない大学の建設も漠然と視野に入れられていたのかもしれない。ともかく、程度の高い教育施設を早急に創設するべきことで総会は一致をみたのであった。

ただし、この決定は、この当時の植民地人の生活がにじみ出ている議題がいくつも取り上げられ、それらが審議されたあとで議決された。それらの案件とは、警備官の報酬引き上げ、ボストンの砲手と武器弾薬選定者の決定、ブロック島に航海中失明した人物への保障金給付、ロヴェルス島がチャールズタウンに漁労場として与えられること、衣服用レースの販売禁止、タウンは賃金を固定すべきこと、ある違反者に賠償させることなどであった。

「学校かカレッジ」の創設を決定するにあたり、議会の参加メンバーの間に具体的にどのようなやりとりがあったのかはわからないが、このわずか数行の文言だけがいつしかハーヴァード大学の「創立伝説」と化し、この年に大学が開校したかのような錯覚を生むことになった。

「はじめに」で述べたように、現在「ジョン・ハーヴァード像の三つの嘘」といわれているものの一つに、台座に刻まれた「1638」という創立年の年号が含まれるという。正しくは「一六三六年」とするべきである、というわけである。だが、この時点ではただ「設立」が申し合わされただけで実際に開校したのは一六三八年であるから、「1638」を開校年と捉えればあながち嘘とは言いきれないであろう。

またマサチューセッツでは印刷・出版業（㊱）も早くから発達し、三八年には新聞が、四〇年には賛美歌集が発刊されている。こうした出来事もこの植民地の特徴をはっきりと表している。カレッジや出版活動の重要性もほとんど最初から認識されていた。「神の栄光の実現」は知的営為を伴ってこそ可能であったのである。

いずれにしても四〇〇ポンドという予算は、同植民地の年間総税収に対し、三五年度では半分、三六年度では四分の一に相当する。発足したばかりの植民地にとって非常に大きな負担であったことは疑いない。それでもやや時期尚早で多少とも無理をしているようにも思えるこの設立決定は、知的渇

㊱最初の印刷所の銘板
（マサチューセッツ・ケンブリッジ）

望感もあろうが、その地域での激しい宗教論争にも大きく促されたと思われる。

三六年一〇月の議会でカレッジを創設する提案が受け容れられたのは確かである。ただ、マサチューセッツで最初に具体的な大学設置の話を持ち出したのはのちに「魔女狩り」で一躍有名になるセーラムであった。すでに同年三月、セーラムは地区集会で三〇〇エーカーもあるマーブルヘッドの一画をカレッジの用地とする案を出していた。そのころのセーラムは、後述のロジャー・ウィリアムズが立ち去ってまもないころであった。モリソンは、当時のマサチューセッツ総督ヘンリ・ヴェインと親しかったセーラムの牧師ヒュー・ピーターが、自らは議会に参加できないため、セーラムの委員の一人ジョン・ハンフリーを通じて要請し、さらにハンフリーがヴェインに働きかけて、一〇月の議会でのカレッジ設立決定に結びついたと推定している。

ところがカレッジの建設推進プランはこのころ深刻化した内憂外患《ないゆうがいかん》ともいうべき二つの重要問題によって、一時的に中断を余儀なくされた。内憂とは主としてハッチンソン夫人にまつわる教義論争であり、外患とは先住民との戦闘、いわゆるピークォット戦争である。このため一二月七日に開催された「次の議会」では、前回予定されたカレッジの問題は全く取り上げられなかった。

マサチューセッツからの離脱者たち

前にもみたように、ピューリタンは本来本国イギリスでの宗教的弾圧に耐えかね、宗教的自由を求めて新大陸にやってきた。だが、「地上における神の栄光の実現」という気高い理想こそ共有してはいるが、マサチューセッツ植民地内部に限っても、細かい教義については立場によって大きく見解が相違していた。新大陸到着以後も活発な教義論争が展開されていたのである。宗教以外のさまざまな理由によっても指導者間の対立が絶えなかった。

ケンブリッジなどの大学を卒業してアメリカに渡ってきたマサチューセッツ湾植民地の指導者たちは、宗教的自由の欠如さえ除けば、経済的には本国での生活に困らなかった人々である。予想される航海上の危険や新天地での困難を十分承知しながらも、あえてやってきた意志強固な面々でもある。換言すれば個性の強い者たちの集団でもある。そのため、自己の信念を全うできなければ植民地からの離脱さえ辞さない構えを示す者も少なからず出現した。

自然環境からすれば、前述のように、マサチューセッツはアメリカ東海岸地域でも恵まれた土地柄だといえる。しかし、無限の可能性こそ広がってはいるものの、本格的な植民からわずか五年、政治的にも社会的にも宗教的にも、およそ安定とは無縁の生活である。何らかの行き詰まりが生ずれば植民者たちが他の植民地をうらやましく思っても無理はないであろう。植民地の生活に失望していた者たちの間には一種の「青い鳥症候群」が蔓延し、彼らは「ここより他の場所」を志向していたようだ。

意外なことに、はるか南方のカリブ海地域プロヴィデンシア島（現在のニカラグア沖）にも比較的大規模なピューリタンの植民地が作られており、そこでの羽振りの良さも噂で伝えられていた。もっとも、そのプロヴィデンシアに愛想を尽かしてマサチューセッツ湾にやってきた者も大勢いたという。お互い他人の居場所は良くみえてしまうのだろう。

遠方だけではなく、マサチューセッツ近郊でもさらに環境の良い土地があるという噂も入ってきていた。その時点ではまだ先住民との深刻な争いは経験されていなかった。そうした状況下で、執行部への不満が生じたり経済状況が思わしくなくなると、他の土地への移住を考える者が出てきても不自然ではない。

マサチューセッツを去った者には、例えば、今日のコネティカットの基を築いた一人であるトマス・フッカーがいる。フッカーは一六三三年に後述のジョン・コトンらと共にアメリカに渡ってきた。すぐにニュータウン(のちに「ケンブリッジ」と改称)に住み、そこの牧師となったが、そこでの居心地は良くなかったらしい。翌年早くもタウンの有志から「ニュータウンの土地は家畜を飼うにはあまりに手狭である」ので「コネティカットに移住したい」という希望が総会に出されたが、その提案をまとめた中心人物がフッカーである。

移住を希望したニュータウンの住民に対し、総会は他のタウンの土地の一部をニュータウンに譲る案を示して思いとどまらせようとした。彼らに追従してマサチューセッツを去る者が多く出るのを恐れたのである。だが、翌三五年、マサチューセッツを見限った六〇人の住民たちは、家財道具を運び家畜を連れてコネティカットに向かっていった。フッカーも彼らを追うように三六年にニュータウンを去った。土地の狭さもさることながら、総督と副総督の確執など、人間関係のトラブルに嫌気がさしていたことが大きな要因といわれる。高邁な理想を掲げる集団がメンバー同士のトラブルから足許をすくわれ、存立の危機にさらされることは歴史上往々みられるものであるが、マサチューセッツも例外ではなかったようだ。

マサチューセッツから離脱した人々はコネティカット渓谷周辺に三つの集落を作り上げた。フッカーらは今日コネティカット州の州都となっているハートフォードに入植したが、その南のウェザーズフィルドは、後に述べるように、移転直後にピークォット族の襲撃を受けた。そのためイギリス系白人入植者たちは先住民やオランダ人による襲撃の危機に対処するため、しばらく後に大同団結する必要に迫られた。のちの四四年にマサチューセッツ、コネティカット、プリマス、ニューヘイヴンの四植民地から成る「ニューイングランド連合」が成立した背景にはこうした事情があったが、この成立を最も望んだのは襲撃に晒されたコネティカットであった。

なお、「ケンブリッジ合意」で初めに副総督となるはずだったが、出発が遅れて三四年に移住してきたジョン・ハンフリーはずっと政務官の職にあった中枢人物であった。しかし自宅が火災に遭ってかなりの財産を失ったこともあり、四〇年、プロヴィデンシア島への移住を希望した。同島への入植者とずっと交流を続けていたハンフリーは、かの地の羽振りの良さを聞きつけ、また、プロヴィデンシアでは総督として迎えられるはずだったというから、「栄転」を期待していたのであろう。

ウィンスロップらはここでも慰留に努めたが翻意はならなかった。けれども、翌年プロヴィデンシアがスペインに占領されたため、願いの叶わなかったハンフリーは結局本国イングランドに帰国してしまった。

いろいろな意味で条件に恵まれていると思われるマサチューセッツにも、ほとんど成立時からこのような多くの脱落者が存在したのである。希望を抱いてアメリカに渡っては来たものの、夢破れてイングランドに戻った者は移住者の二割近くにのぼるという推計もある。

宗教的離反──ロジャー・ウィリアムズ

フッカーやハンフリーは決して過激な言辞を弄《ろう》して植民地の存立に脅威を与えたというわけではない。また宗教上の理念に関する不満を噴出させたわけでもない。しかし植民地人の中には急進的宗教思想を唱える者も現れ、少なからずそれに賛同する者も出現した。植民地の指導者たちは彼らが人々を混乱させていまだ不安定な植民地社会に亀裂を生じさせることを大変懸念した。そのため指導者たちは自分たちの考える「正統ピューリタニズム」からの逸脱については非常に厳しい態度で臨んだ。

むろん厳密な「正統ピューリタニズム」という概念が定着していたわけではないし、マサチューセッツの指導者たちが自分たちを特別に「ピューリタン」という名で意識していたわけでもない。けれども多くの指導者たちは、高度な教養を備え神学を十分修めた者たちが、正しい神の摂理に則ってマサチューセッツの政治を行うべきであると考えていた。聖書中心主義に基づく「神権政治」をしく以上、正確な聖書の解釈が必要だからである。そうした「聖徒」が古代の「預言者」よろしくピューリタンのユートピアを治めるべきであるとしていた。

マサチューセッツのこうした「正統派」に対し、一六三五年、セーラムの牧師ロジャー・ウィリアムズは厳密な「政教分離」を唱え、植民地の指導者や議会が宗教に介入することを批判した。また、徹底した分離派の立場から、国教会にいかなる合法性も認めない主張を行った。なおウィリアムズは植民地の土地に関する先住民の既得権を尊重する立場も表明した。さらに先住民との交流に努めるためアルゴンキン語まで修得し、のち四三年には『アメリカ語入門』をロンドンで出版している。

ウィリアムズの主張は今日からすれば非常に斬新で先取的なものに映る。けれども、当時ほとんどの白人から「野蛮」の一言で片づけられた先住民の文化や言語に独自の価値を認め、また政治と宗教を截然と切り離すべきであるというその思想は、一七世紀には過激なアナーキズムとしか受け取られなかった。民主政治を蔑みつつ神権政治を標榜し、政教を一体化することによって植民地の安定に努めていた議会はウィリアムズの発言を看過できず、一〇月、ついに本国イギリスへの送還を決定した。

このためウィリアムズ一行は逃亡して苦難の旅に発ち、やがて自分たちの理念に則った新天地の建設を企図して、現ロードアイランド州のプロヴィデンスに定住した。ここは現在でこそ「アセラ・イクスプレス」と呼ばれる最新型特急列車を利用すれば、ボストン・サウスステーションからわずか三五分で到着する場所である。しかし、飢えに苦しみ、先住民の攻撃にも脅えながら、マイナス二〇度以下にも達する凍てつく不毛の荒野や沼沢地を彷徨い歩いた苦労は想像を絶する。この不屈の精神が「神の加護」を引き寄せ、プロヴィデンスを着実に発展させたのであろう。このような過酷な運命を辿りながらも、ウィリアムズは八〇歳まで生きながらえたのであった。もっとも、ウィンスロップはウィリアムズと絶交したわけではなく、その後も両者は交流を続けている。

ハッチンソン夫人の登場

翌三六年のアン・ハッチンソン問題はいっそう深刻であった。今度は強いカリスマ性を持つ女性の下に、女性を中心とする熱烈な支持者が集い、過激な発言を繰り返すようになったのである。ウィンスロップはハッチンソン夫人を、古代ローマの詩人ヴェルギリウスが著した叙事詩『アエネイス』に登場するカルタゴの女王ディドーになぞらえ、「件《くだん》の女指導者 Dux Femina Facti」と表現している。植民地の指導者たちは女性たちを従属的地位にあるべきと考えていたので、ハッチンソン夫人が「女権の拡張」を主張することを恐れていたともいわれる。

ハッチンソン夫人は非常に記憶力に優れた才媛で、本国イギリスにいたときに急進的なピューリタン牧師ジョン・コトンに傾倒し、三三年に同牧師がアメリカに渡るとその後を追い、翌三四年九月、夫のウィリアムや子どもたちともに一家をあげて移住してきたのであった。初めは信仰熱心なボストン教会の一員として自宅で集会を開き、牧師から受けた説教内容について仲間内でディスカッションしていただけなので、時にはウィンスロップやコトンらも参加していた。しかし、しだいに拝聴した説教に同意できるか否かについて仲間と論ずるようになり、やがて牧師らの教義解釈に対してさまざまな異論を唱えるようになった。

彼女は、信仰におけるあらゆる律法の無意味さを唱えるアンティノミアン（反律法主義者）の立場から、個人が直接に神の啓示を求めるべきであるとし、神と個人の仲介者としての聖職者の役割を認めなかった。女性の信奉者が多かった一因には、男女の区別をしなかったことも挙げられ、この点で女性解放運動の先駆者とみなされることもある。実際、常時出入りしていた七〇人前後の信奉者にとっては神秘的な「女教祖」であった。歴史家ゲイムズの統計によれば、一六三八年までにアンティノミアンかその支持者と認められる者は一八七名に達している。

「丘の上の町」や「神の王国」などの言葉でも明らかなように、ウィンスロップを初めとする植民地の指導者たちは「神との契約」の拠り所として聖書の律法を持ち出していた。しかし、それらさえいっさい認めず、個人が聖霊によって直接神と関わることで神の恩寵が直接個人に及ぶ、というその主張は、国教会・ピューリタンいずれの立場からも異端とされるもので、多くの人々も胡散臭くみていた。

それでもその年に就任したばかりの総督ヴェインはハッチンソン夫人のカリスマ性に惹かれ、その熱情あふれる敬虔さと類まれな神学的才能の虜《とりこ》になったこともあり、彼女の喚問には消極的であった。

ハッチンソン夫人の追放

正統なピューリタン思想によって植民地の安定を図ろうとする議会は対応に苦慮していたが、夫人の発言は次第に過激さを増していった。夫人の支持者の一部は、ほとんどの植民地の聖職者たちは説教する資格も能力もない「羊の皮をまとった狼」であると非難さえした。こうした中で、議会は夫人の義弟で彼女の片腕であったボストン教会の牧師ホィールライトを、治安妨害と侮辱の嫌疑で有罪とした。

しかし総督ヴェインがなおこれに難色を示すと、議会は三七年五月、彼に代わって総督にウィンスロップを再選した。これを不服としたヴェインは直後にイギリスに戻ってしまったため、ハッチンソン夫人は全く孤立した。

夫人は三七年一一月、総督ウィンスロップらが列席する議会法廷に喚問された。妊娠中のうえ、食事も休憩も与えられないまま一日中立ちっ放しの喚問にもかかわらず、夫人は浴びせられる全ての質問に対し、品格を失なうことなく一つ一つ丁寧かつ冷静に答えたという。

夫人は三八年三月に開催された議会法廷でも自説の正当性を主張したが、社会的混乱をもたらした科《とが》で有罪とされ、ボストンの教会からの破門と追放が宣告された。この事件はカレッジの建設場所の選定にも影響したといわれる。

気丈で才知に長けたハッチンソン夫人であったが、彼女にはその後もなお過酷な運命が待ち受けていた。マサチューセッツを追放されたハッチンソン夫人は、夫や子供たち、および支持者とともに一旦ロードアイランドに逃れたが、四二年に夫のウィリアムが死亡すると子供六人を連れて西に向かい、現在のニューヨーク州ニューロッシェルに定住を試みた。けれども翌四三年、オランダ人と先住民との戦いが勃発したあおりを受けて先住民に襲撃され、娘一人を除いて全員が殺害された。当時八歳であったその娘は先住民に拉致されて四年間過ごしたが、その後オランダ人を通じて白人社会に戻されたという。

なお、途中まで夫人と行動を共にしたメアリ・ダイアは、クエイカー教徒となって布教するため、何度か追放されたボストンに戻ったが、最後には異端の罪で処刑された。

一方、本国に戻った前総督のヴェインの生涯も波乱に満ちたものであった。帰国後まもない四二年からピューリタン革命に伴う内戦が勃発すると、議会派の指導者クロムウェルの信望厚かったヴェインは議会派の幹部として活躍した。四九年に国王チャールズ一世が処刑され、共和政が樹立されたのは周知のとおりである。このすぐ後の五一年に第一次英蘭戦争が起こると、またしてもヴェインはイギリス海軍を率いてめざましい活躍をみせた。これに感動したミルトンはその『ソネット』の第一七篇でヴェインを讃えている。

しかし野望に満ちたクロムウェルが五三年に護国卿への就任を画策すると、ヴェインはこれに反対したため一旦失脚したが、五八年にクロムウェルが死去すると再度重鎮として登用された。けれども、二年後にチャールズ二世が王に即位して王政復古を実現させると、ヴェインは今回もこれに激しく反対し、六二年に大逆罪で処刑された。高貴な准《じゅん》貴族の出身ではあるが、ヴェインは一貫して揺るぎない信念に基づいて行動し、最後はそれに殉ずることになった。

ピークォット戦争まで

指導者たちが植民地内部でハッチンソン夫人問題に悩まされているとき、外敵の先住民ピークォット族との争いも激しくなっていた。

ピークォット戦争とは、一六三七年五月、プリマス、マサチューセッツ湾、コネティカットの各植民地人民兵が一部の先住民戦士と連合してピークォット族の居留地を奇襲し、同族をほとんど全滅させた戦いをいう。前年に発生したピークォット族と白人入植者との報復合戦がエスカレートした結果であるが、根本的には先住民の支配領域に入植者が踏み込んだことに起因しており、以後長らく続く白人入植者と先住民との最初の本格的な戦いであった。

イングランドからアメリカへの大移住が始まり、多くの入植者がニューイングランドに定住し始めた当初、入植者と先住民との関係は概して良好であった。最初は両者とも恐るおそる互いの様子を探り合ったのであろう。

それでも入植者が急増してしだいに先住民の領分に入り込むと、先住民が入植者を侵入者とみなして非常な警戒感を抱き、敵対意識が生じていったことは想像に難くない。小さなトラブルは少なからず発生していたと考えられる。ただ、当初の五、六年は本格的な戦闘に発展することはなかった。もっとも、およそ一〇年前の一六二二年にヴァージニアで植民地人三五〇人が先住民に殺害された「ヴァージニア大虐殺」については当然知られていた筈である。

ヨーロッパ人の持ち込んだ数々の病原菌も、免疫のない先住民にとって恐るべき災禍であった。ラテン・アメリカと同様に、北米でもヨーロッパ人が渡来してから先住民人口が急激に減少する。およそ八〇〇〇人の部族民を抱えていたといわれるピークォット族でも一六三三年に天然痘が大流行し、そのため人口が半減したという。このような例はさまざまな部族に発生していたのであろう。

感染時期やルートは正確には明らかではないが、先住民に疫病が広まって多数の犠牲者が出たことを聞いたブラッドフォードやウィンスロップらの指導者らは、それを「神の意志」「神の摂理」などと表現し喜んでいる。神の加護によって自分たち白人のために先住民は死滅して居住空間を空けてくれたというわけである。マサチューセッツを去ったロジャー・ウィリアムズのように、先住民の既得権や文化に理解を示した者も皆無ではなかったが、ほとんどの白人は前代から形成されていた先住民についての人種的偏見を多かれ少なかれ受け継いでいた。

コネティカット渓谷はコネティカット川の中流域にある肥沃な地帯で、当時多数のビーヴァーが生息していた。ビーヴァーの毛皮は利益率が高かったので、イギリス人だけでなくオランダ人もこの地域に進出していた。一方、先住民の部族同士の争いも激しかった。彼らは「ワンパム」と呼ばれる海岸で採れる貝殻や玉を一種の通貨としていたので、海岸線の支配も重要であった。ピークォットやモヒガン、ナラガンセット、ナイアンティックなどの部族はそれをめぐって互いに抗争を繰り返していた。

一方、このころ白人のならず者商人もかなり「商売」をしていた。彼らはプリマスやマサチューセッツ湾、コネティカットなどの植民地や先住民部族の間を渡り歩き、ときには強引な取引も行っていたらしい。ウィンスロップやブラッドフォードの残した記録から、彼らの粗野で凶暴な性格がうかがえる。海賊や山師と同類だったのであろう。

白人入植者がコネティカット渓谷方面まで進出すると、これを嫌ったピークォット族は、しばしば入植者を威嚇するようになった。そのころ仇敵《きゅうてき》モヒガン族との戦いに勝利したピークォット族は、周辺地域の白人勢力の駆逐も図り、三四年、その地で交易をしていたイギリス人の山師商人ジョン・ストーンの一行を襲撃して七人を殺害した。この事件の詳しい経緯はわかっていないが、ストーンらがオランダ人と誤認されたため犠牲になったという説もある。一部のピークォット族はオランダ人の背信行為を恨んでいたという。

マサチューセッツ湾とコネティカットの両植民地は、ストーン殺害事件の始末のため、殺害犯の引き渡し、賠償、土地の譲渡などを要求した協定案を示したが、ピークォット族は承認しなかった。

三六年になると、マサチューセッツに見切りをつけてコネティカットに向かった人々らが、コネティカット川に沿ってウィンザー、ハートフォード、ウェザーズフィルドの三つの村を作り上げていたことは前に述べたとおりである。このころ、先にピークォット族に敗れたモヒガン族からピークォット族が白人に対する奇襲を計画しているという情報がマサチューセッツにもたらされ、入植者に緊張がはしる。

ピークォット戦争

三六年七月、コネティカット川河口からやや東のブロック島でやはり山師商人であったジョン・オールダムが先住民に殺害された。オールダムは元々プリマス植民地に渡って来ていたが、かの地での身勝手な振る舞いが顰蹙《ひんしゆく》を買ってプリマスを追放され、その後はいくつかの植民地や先住民部族の間を転々としていたのであった。

オールダムを殺害した先住民はピークォット族ではなく、また殺害に関わったとみられる先住民らは、カヌーで逃亡する途中、彼らを不審に思った白人の一行によって銃撃され、その多くは難を避けて海に飛び込んだが溺死した。しかし逃亡した二名がピークォット族かそれに服従する部族によってかくまわれたと思われた。

翌月、ジョン・エンディコットの指揮する志願兵たち九〇人は、武装した上で三隻の船でコネティカット川河口にあった白人の砦セイブルックに到着し、そこから東のピークォット川（現テムズ川）河口にストーンとオールダムの殺害実行犯を捕らえるという名目で出撃した。エンディコットはピークォット族に正面からの戦いを要求したが、ピークォット族がそれを拒否すると、彼らの家々を焼き払い、作物にもダメージを与えた。

これに怒ったピークォット族は、直後にセイブルック砦を包囲した。次いでロードアイランドの海岸付近に居留するナラガンセット族との同盟を画策したが、これはすでにロードアイランドに暮らしていたロジャー・ウイリアムズの尽力によって阻止された。ウィリアムズは自分たちを追放した人々を救うのに一役買ったようだ。

翌三七年四月二三日、ピークォット族は報復のためコネティカットの白人村ウェザーズフィルドを襲撃した。ウェザーズフィルドは最も南に位置していたので、ピークォット族の本拠地からは一番近い場所にあった。この襲撃では男六人女三人の計九人が殺され、多くの家畜も被害を受け、さらに二人の少女が拉致された。

さらにこれに対し、五月一〇日、マサチューセッツ湾とコネティカットの植民地が編成した民兵九〇名と六〇名のモヒガン族戦士の部隊はピークォット族の居留地に向かった。途中で何度かの小競り合いがあったのち、ナラガンセットなど他の先住民部族の戦士も加わって、ミスティック川沿いにある砦に標的を定めた。ここにはピークォット族の八〇〇人が八〇の小屋に居住していた。

五月二六日早朝、植民地の編成軍は砦を包囲し、急襲して家々を焼き払い、また勇猛に戦ったピークォット族戦士の反撃を封じ込めて殲滅《せんめつ》させてしまう。ピークォット族の死者は婦女子を中心に五〇〇名、あるいは七〇〇名にも及んだという。白人編成軍の戦死者は二名、負傷者は数十名であった。この恐るべき残虐行為は白人側についた先住民戦士にさえ大きな恐怖心を植え付けた。白人を支援した先住民戦士はこのあまりに冷徹で酷い大量殺戮にあきれ果て、行き過ぎを強く非難したという。

他の場所にいたピークォット族の一団も捕らえられたり逃亡したりした。他部族に保護を求めた者も、そこで殺されたり、捕らえられて白人に引き渡されたりすることが多かった。この時期に殺害されたピークォットの部族民は一五〇〇人以上にのぼり、この時点で部族としてのピークォット族は実質上崩壊し、まもなく滅亡した。

ジョン・ハーヴァードがマサチューセッツに到着したのは正にこのピークォット戦争が終結した時期だったのである。戦争直後特有の殺伐な空気が流れていたことであろう。

なお、その後の先住民との大きな争いは、一六七六〜七八年に起こったフィリップ王（先住民の大首長メタコムの別名）戦争といわれる大規模な植民地人との戦闘である。この戦争で殺された先住民のササモンはキリスト教に改宗しており、一時ハーヴァード・カレッジに在籍していた。白人にも先住民にも通じている彼の立場は微妙だったといわれる。先住民の教化には必然的につきまとう難しい問題であったのであろう。

カレッジの場所

先住民との戦闘が一段落し、ハッチンソン問題にも解決の見通しが立った三七年一一月一五日、議会は再びカレッジの開始に向けて動き出し、「カレッジをニュータウンに置くこと」が決定した。そして五日後、具体的な設立作業が再開され、政務官と聖職者各六人ずつ、計一二人で構成される評議会にその業務が委任された。

ハーヴァード夫妻がアメリカに移住した三七年の夏は、カレッジ設立へ向けた動きが中断していたことはすでに述べた。しかしその時期に一つ重要な決定がなされた。それはカレッジの初代教師としてナサニエル・イートンが内定したことである。植民地の指導者たちは、知的水準が高くすでに任務に一定の評価を得ていた聖職者たちは神権政治推進の上での重要スタッフと考え、カレッジのスタッフとしては考えなかった。若手でありながらもある程度の実績と経験を持った教員を望んでいたのである。その中で、マサチューセッツ湾会社設立時のメンバーであったセオフィラス・イートンの弟ナサニエルが適任者として浮上し、同年一一月末頃、その職に正式に任命された。

最初の評議会のメンバーのうち、七人はケンブリッジの卒業生、四人は父親か兄弟がケンブリッジの卒業生で、オクスフォード出身者はただ一人であった。このため、翌三八年三月の評議会では「ニュータウンをこれよりケンブリッジと呼ぶこと」と定めた㊲。

カレッジはなぜ広大なマーブルヘッドではなく、それよりはるかに狭いニュータウンの牛の放牧場の一画に置かれたのであろうか。それにはいわばハードとソフト、すなわち自然環境と信仰問題の両面が考えられる。

上述のように初めカレッジの建設場所としてて海辺のマーブルヘッドが候補に挙がっていた。しかし母校のイメージを思い描く多くのオクスブリッジの卒業者にとって、大学というものは内陸にあって、川の流れる緑豊かな平野部にあるべきであった。牧草の香りが漂い、なだらかな丘も広がる景観に囲まれてこ

㊲ケンブリッジの標識（マサチューセッツ）

そ落ち着いた思索に適すると考えられた。海風が当たる荒涼とした岩質の土地というのは多くの大学卒業者にとって違和感があると受け止められたのである。マーブルヘッドが売り物にする「スポーツに向いた広大な土地」という要素もほとんど考慮されなかった。

信仰上の問題もあった。とりわけ熱烈な説教で植民地の若者に人気のあったニュータウンの牧師トマス・シェパードの意見が反映されたとみられる。シェパードにはニュータウンを「アンティノミアンの汚染」から守り、正統なピューリタニズムを健在のままに保全したという自負があった。地域に目立った異端分子のいないこうした無難さが、カレッジの場所の選定に大きく寄与した。

また、ニュータウンは直前までマサチュー

㊳オールド・ヤード（ハーヴァード大学）

セッツの「首府」の所在地であったが、それがボストンに移り、またそこからは多くの住民がコネティカットに移住していった。スペースが空いた上にその存在がややかすみがちであった。こうした点を補完する意味合いもあったのであろう。事実、カレッジの最初の建物は住人がコネティカットへの移住によって空き家になっていた家であった。

こうして牛の放牧場に面したわずか一エーカーの土地がカレッジの建設場所に定められたのであった。この場所は今日「オールド・ヤード」㊳と呼ばれており、地下鉄ハーヴァード・スクエア駅で下車して構内に入るとすぐの所にある。次章で詳しく述べるが、「マサチューセッツのカレッジ」はおそらく一六三八年八月に産声を上げた。最初は入寮生が徐々に到着したので、学寮長にして唯一の教師のイートンが予備的に個人教授をしていたと推定される。

ジョン・ハーヴァードの死

一六三八年九月一四日、三一歳の誕生日まで二ヶ月を残し、ハーヴァードは結核で死亡した。子供はいなかった。どのように病状が進行していたのかはわからない。ただ、自身が余命幾ばくもないことを予期していたのであろう、所持している全資産の半分と全ての蔵書を開校したばかりのカレッジに寄贈する意思を、妻や友人の牧師に口頭で表明していた。そして遺志は実行された。

ハーヴァードが死の直前カレッジを訪れたかどうかもわからない。しかし、自らの多額の遺産を寄付する意思を表したことは、カレッジについてよほど印象が深かったからこそであろう。本格的に入植してからまだ八年しか経っていないマサチューセッツには、予算不足で実行されてない案件が多かったはずである。そうした中で、死期を悟りながらもカレッジに対する思い入れを示したのは何らかの大きな理由によるに違いない。モリソンは、カレッジが開始された八月頃、ハーヴァードが実際にカレッジまで足を運んだのではないかと推測しているが、確実な証拠はない。カレッジの建物の隣に住んでいた牧師トマス・シェパードや、あるいはイートン自身に呼ばれたことは十分考えられよう。

遺言の執行人になったのは直前にアメリカにやって来たトマス・アリンで、「資産の半分」とは記録によれば七七九ポンド一七シリング二ペンスであった。ところが、そのうち三七五ポンドは校舎の建設に使われたことが判明しているが、残りの使途については明らかではない。これについてシェパードは「イートン氏が使い込んだ」としている。次に述べるように、開校したばかりのハーヴァード・カレッジのマネイジメントはイートンに任されていたのであった。

ハーヴァードを讃えて

一六三九年三月にボストンで開かれた総会では「以前ケンブリッジに建てることで合意がなされたカレッジは、これよりハーヴァード・カレッジと呼ばれる」ことが定められた。このころカレッジは開校して半年経過していたが、総会はジョン・ハーヴァードの功績にカレッジの命名をもって応えたのであった。
また、カレッジの状況についても言及された四三年公刊の小冊子『ニューイングランドの最初の実り』には、次のように述べられている。

われわれはこの大事業をいかにして成し遂げるかを十分考え協議した。われわれの仲間で、学問を愛する敬虔な紳士ジョン・ハーヴァード氏という方が心を動かされ、カレッジの建設のため、およそ一七〇〇ポンドに及ぶその全遺産の半分と、全ての蔵書を寄付されたことは神意にかなっている。

一方、ジョン・ウィルソンはハーヴァードがチャールズタウンにいた頃にボストン第一教会で牧師をしていた。そのウィルソンは「チャールズタウンの聖書台から天に召された最も敬虔にして崇高なジョン・ハーヴァード」のために、ラテン語の詩を賦している。この詩は亡きハーヴァードに託して神の栄光を讃えたものであるが、最後は「オールド・ケンブリッジ（ケンブリッジ大学）が輝かしい名声を勝ち得たように、ニュー・ケンブリッジ（ハーヴァード・カレッジ）も素晴らしい名声を得られんことを」で終わっている。この詩がもともといつ書かれたのかはっきりしないが、コトン・マザーの『マグナリア』に引用されている。おそらく一七世紀の中葉であろう。

また、上述の牧師トマス・シェパードは、自伝の中で次のようなシンプルな鎮魂の言葉を残した。

その人は学者で生涯敬虔であり、生においても死においても植民地とその利益のために大きく貢献した。

さらに、「はじめに」でも述べたが、歴代学長の中でも最も長く在職してハーヴァードの発展に大きく寄与したエリオットは、一九世紀後半の「ジョン・ハーヴァード像」の除幕式に際して次のように述べている。

彼は、希望と信仰に満ちた無欲の行為というものが、短くはかない命にも不滅の名声を冠するものであることを教えてくれた。また、彼は人が行った善行はその死後まで残り、あらゆる評価や計算を越えて結実し、広まるものであることを教えてくれた。さらに、孤独、弱さ、悲しみの中で撒かれた種から、喜びや強さや新鮮なエネルギーが湧き出るものであり、年々歳々この学問の庭園に花を咲かせ、時の経過とともにあらゆる人間の活動分野においていっそうの繁栄をもたらすであろうことを教えてくれたのである。

5 草創期のハーヴァード・カレッジ

未亡人アンの再婚

夫のジョンが早世したので、未亡人となった妻アン・ハーヴァードは新大陸に一人取り残された。はるばる大西洋を越えて見知らぬ土地にやって来てから、わずか一年あまりで最も頼るべき伴侶を失った若き女性の寂しさや心細さはいかばかりであったろうか。

ハーヴァードの死から一年半後、アンは亡き夫の後任としてチャールズタウン教会の教師を務めていた牧師トマス・アリンと再婚した。ごく自然な成り行きであろう。アリンはイングランド東部ノリッジの染物屋の出自で、一六二四年、一五歳でケンブリッジ大学キース・カレッジに特待生として入学した。ハーヴァードよりも一歳年下であるが、ケンブリッジでの学事年度は四年早い。

アリンは一六三一年に修士号を得たのち、三四年に故郷ノリッジで牧師に叙任された。しかし、その言動があまりに聖書中心主義に偏っていたため、その地を管轄する主教から煙たがられていた。三八年、『遊戯の書』の朗読を拒んだことをきっかけに、他の牧師とともに主教に職務停止の措置を受けたが、妥協しなかったため破門された。「遊戯」の内容はわからないが、筋金入りのピューリタンであるアリンの禁欲倫理とは相容れないものだったのだろう。同年、アリンは故郷を捨て、逃亡者同然にマサチューセッツに移住してきたのであった。

敬虔で勤勉な性格だったというアリンはハーヴァードの遺言の執行人となり、のちにはハーヴァード・カレッジの評議員も務めた。ニューイングランドでは評判が良く、ジョン・コトンやトマス・シェパードらと交友を結び、名士の一人に数えられたという。

アリン夫妻はピューリタン革命終了直後の一六五一年、共和政下のイギリスに戻った。しばらくしてトマスは、故郷ノリッジのトムランドにあるセント・ジョージ教会で聖職に携わったが、主に説教者として活動していたらしい。しかしおそらく教会員の不興を買って、自治体からの財政支援を停止され、六二年に職を追われている。それでもアリンは六九年まで他の教会で説教を続け、七三年に亡くなったという。アリンは五〇年代に著した聖書年代学についての論考をはじめ、何冊かの著作を残している。英国の『国民伝記事典』によれば、アリンは植民地のボストンで『救い主に至る悩める罪人への案内』を発行したが、一六五九年に出版された『天地創造からキリストの死までの聖書年代の配列』は、特に国の内外で評判になったという。

シェリーによれば、アリン夫妻は四〇年一月に生まれた長女のメアリを筆頭に、四人の娘をもうけた。一六四五年に作成されたアンの母メアリの遺言状では、アンとその長女メアリ（祖母と同名）にそれぞれ一シリングが遺贈されている。

さらにその遺言では、「ニューイングランドにいると思われる娘のメアリ（母と同名）に一シリング贈る」と述べられている。アンにとっては母、姉、長女の三人がともにメアリという名であった。姉メアリの姓はアンの旧姓サドラーのままであるが、遺言から複数の子供がいることがうかがえる。この当時遺産について言及する場合、特別に指定する人物は別として、一般に男女の順、年齢の高い順、親等の近い順に行うようである。「娘メアリ」はアンより先に来ているので、おそらくアンの姉なのであろう。姉のメアリがいつアメリカに渡ったのか、また子供がいるのになぜ姓が変わっていないのかは明らかではない。いずれにしても当時の「ニューイングランド」はそれほど広範ではないので、アメリカに在住していても、アンにとっては心強い肉親がマサチューセッツかその近隣に暮らしていたと思われる。妻アンの死亡年や娘たちのその後の消息はわからない。

寄贈された蔵書

ハーヴァードがカレッジに寄贈した蔵書はタイトルにして三二九、冊数は四〇〇以上に及んだ。充実した図書館が必要とされる草創期のカレッジにとって、これほど有り難いプレゼントはなかったであろう。

寄贈書のおよそ四分の三は神学関係の主としてラテン語の文献であるが、ルター、カルヴァン、メランヒトン、ベザらをはじめとするプロテスタントやピューリタン関係の著作のみならず、カトリックの枢機卿を務めたロベルト・ベラルミーノらイエズス会神学者の著作も多く含まれていた。これはハーヴァードがカトリック神学にも関心を持っていたことを示唆している。

神学以外では、プルタルコス、プリニウス、ホメロスらの古典文学の翻訳も収められ、ギリシア語、ラテン語、ヘブライ語の文法書や辞典も数多くあった。フランシス・ベイコンの『自然史』や『学問の進歩』などの当時の新しい思想書がみられる一方で、中世スコラ学の権威トマス・アクィナスや、ドゥンス・スコトゥスといった中世神学者の書も見出された。解説書や注釈書など、イマニュエル・カレッジでテキストに使用されたとみなされるものや、『イソップ物語』などグラマースクールで用いたと思われるものもあった。全体の四分の一以上は一六三〇年代に印刷された新しいものであった。

当時個人が数百冊規模の書物を収集することは非常な困難を要した。シェリーは、ロードの圧力が高まっている時期でもあり、ハーヴァードはオランダの業者を通じて本国では禁書とされている数多くの書物を購入したと推定している。ただ、モリソンによれば、ハーヴァードが神学論争に関心を抱いていた様子はないという。これらの購入にはおよそ二〇〇ポンドが費やされたと推定される。

無論カレッジの図書館はハーヴァードの寄贈した蔵書だけでオープンしたわけではない。他にもウィンスロップの四〇冊をはじめ、三五冊とか二〇冊など、幾人もの有志による寄贈が加わり、その後も徐々に蔵書は増加していった。こうしてハーヴァード・カレッジの蔵書は、一世紀あまり後の一八

㊴ハーヴァード寄贈本のうちの唯一残っている本の扉絵

世紀中頃にはおよそ五〇〇〇冊にまで増加した。

ところが悲劇が襲った。一七六四年一月にカレッジで起こった火災により、貸し出し中の約二〇〇冊を除いてカレッジの図書はほとんど焼失してしまった。ハーヴァードの寄贈書で難を逃れたのはジョン・ドゥネイムという著者が一五八七年に公刊した『悪魔、世俗、肉体に対するキリスト教徒の戦い』⑶⑼という表題の一冊だけで、それはある学生が無断で持ち出したものだったという。この貴重な一冊は現在ハーヴァード大学ホートン図書館に所蔵されている。

けれども、ハーヴァード大学広報局が一九三六年七月五日付で発行した『広報』によれば、焼失したと思われていたジョン・ハーヴァードの寄贈本が新たに三冊見つかったという。それら三冊とは、一五六九年にジュネーヴで発刊されたカルヴァンの『キリスト教綱要』、一六一八―一九年に出された『国内宗教会議法』、および一五九八年に印刷された『新約聖書』である。ジョン・ハーヴァードの寄贈本のリスト自体は残されており、これらはいずれもそこに載っているという。

これらの書物はハーヴァード大学神学大学院の図書館に収められていたもので、一七二五年に教授のトマス・ホリスから寄贈されていたものであった。ホリスは一八世紀前半のハーヴァード・カレッジ神学教授であったが、同じ書物が図書館に複数冊所蔵されている場合、研究効率を高めるため、最も古い一冊を現職教授が自己の責任において所蔵できる規定を設けたのであった。見つかった三冊の書はいずれも複数冊あったので、そのうちそれぞれ最も古いものをホリス教授が自宅に保管し、退職するときに大学に戻した。けれども個人の寄贈本として未整理のまま別置されていたので、幸運にも結果的に消失を逃れたというわけである。

初代学寮長イートン

ジョン・ハーヴァードがその短い生涯を終えたのと入れ替わるように、産声を上げたばかりのカレッジでは学寮長ナサニエル・イートンによって授業が開始されていた。

イートンは一六一〇年頃に生まれ、三〇年にケンブリッジのトリニティ・カレッジに入ったが、二年後オランダに渡り、フラネッカー大学で当時の著名なピューリタン神学者ウィリアム・エイムズに学んだ経歴を持っていた。エイムズはイギリス人で、もともとケンブリッジ大学の教授であったが、キリスト教の儀式においては虚飾を極力排するべきである、というピューリタンの信念から、一六〇九年のクリスマスの祝祭を激しく非難した。このためケンブリッジを追われ、オランダで神学教授をしていたのであった。

なお、エイムズの非難と同じ発想により、ニューイングランドのピューリタンの間では長らくクリスマスを派手に祝うことはなかった。ハーヴァード・カレッジの誕生よりも半世紀あまり後、マサチューセッツ湾植民地を「セーラムの魔女狩り」という恐怖が襲ったことはよく知られている。そこでは魔女の疑いをかけられた者が法廷で多数審問されたが、彼ら被疑者の中で、悪魔と結託したことを

「正直に」告白した者は「悔い改めた者」として赦免《しやめん》された。彼らの中で悪魔集会に参加したという者の証言によれば、その集会では「メイポール（五月柱）を飾り、クリスマスを楽しみ、闘鶏や賭博が復活し、あらゆる人が平等になる」と宣言されたという。当時のピューリタンにとっては、後世からすればまったくの常識にすぎないクリスマスのお祝いや人間の平等の思想なども「恐るべき悪魔世界の所業」とみなされたのである。

すでに三三年、イートンはエイムズの指導下に安息日の教義に関するラテン語の論考を小冊子で出版している。その後イングランドに戻ったイートンはグラマースクールとみられる学校で教師をしていたが、しばらくして二〇歳ほど年上の兄セオフィラスからアメリカ行きの話をもちかけられたのであろう。セオフィラスは当時の有力なロンドン商人で、マサチューセッツ湾会社創立メンバーの一人であった。アメリカ移住後はのちにニューヘイヴン植民地の創設に尽力し、その総督となった。

ナサニエルは三七年にセオフィラス、牧師サミュエルの二人の兄とともに、おそらくハーヴァードと同じ船団でアメリカに渡ってきた。大学者エイムズに師事し、すでに小著も公刊して、イギリスでも教えた経験があり、ギリシア、ラテン、ヘブライの各古典語に通じていることなどが、当時二七歳のイートンをカレッジの初代教師に選任する上で重要な判断基準となったのであろう。有力者である兄の口利きがあったのかもしれない。

コトン・マザーはイートンの知的能力を高く評価し、「まれにみる学者」としている。しかし、次節以降でみるように、ナサニエルが行ったその後のひどい行状を考えると、肝心の教育者としての人格や資質は考慮されなかったようである。

カレッジが創設される場所をニュータウンとする、と決定した三七年の一一月中旬はハーヴァードが公民として認められた直後である。評議会はすぐに建物の選定にかかり、まもなくその地にあるパインツリーという人物が住んでいた空き家をその場所と定めた。この家は、現在のハーヴァード大学で言えば、守衛室や大学図書館長室が入っているウォズワース・ハウスのあたりにあった。

ジョン・ハーヴァードはカレッジ設立の話を聞き、興味を抱いたに違いない。またハーヴァードとイートンは、出身カレッジは異なるものの、ケンブリッジで学んだ期間が二年間重なる。モリソンの推定するように同じ船団でやって来たとすれば顔なじみではあったろうが、親しい間柄であったかどうかはわからない。

イートンは三八年五月に住居地を割り当てられ、六月九日に公民として認められた。公民になるまでアメリカ到着から一年近く経過しているが、二人の兄が有力者として存在している割にはかなり遅い決定である。カレッジに赴任する前に住んでいたチャールズタウンでは教会員にはならなかったという。オランダ時代のイートンを知っているトマス・フッカーは、「彼は自分の精神を好きになれず、ここアメリカで負う事柄を恐れていた」と回顧しているが、カレッジの教師に内定した後に教会員となり公民になったことは、その偏屈な性格と何らかの関係があるのだろうか。いずれにせよ、イートンが妻と数人の子供たちを伴ってカレッジの建物に住みついたのはこの時期とみられる。そのころ空き家はカレッジに相応しくリフォームされたのであろう。

カレッジの開校

カレッジがオープンしたことを示す最初の史料は、三八年九月七日付でボストンのエドマンド・ブラウンという人物が本国の友人シモンズ・ドウズ卿に宛てた手紙である。そこには「当地にもケンブリッジがあります。カレッジが建てられ、若者が授業を受けており、図書館もありますし、冬には印刷機も入るでしょう。」と書かれている。さらにその三週間後、ドーチェスターのジョン・ウィスウォールという移民が本国の友人に送った手紙には、「ニュータウンは今ケンブリッジと呼ばれています。大学の校舎が建っており、素晴らしい図書館も開館したそうです。」と記されている。この二通の手紙が書かれた間に肺病を患ったジョン・ハーヴァードは天に召されたのである。

前記の手紙などから判断して、カレッジの授業はハーヴァードの死の少し前、三八年の八月ころに開始されたと推定される。最初の学事年度に学生として登録したのは全部で九人で、ほとんどが地元の有力者の子息であったが、本国イギリスから学生本人だけ新大陸に渡ってきたケースもあった。一人は一九歳であったが他は一六歳前後であった。規模からすれば、うら寂しいほど少人数の寄宿学校のようなものであった。

開校当初の具体的な授業内容については不明であるが、「大学といえるほどのものではない」から「十分な大学教育である」とするものまで証言は異なる。実際の授業は能力や進度によって個別に指導されたのであろう。開校初年度にどのような内容の授業が行われたのかははっきりしないが、ケンブリッジの新入生の課程に倣ったものと推定される。とすれば、ラテン語の講読に大きな比重が置かれ、前章でみたように、論理学やローマ時代の著作に親しむことが主眼であったのだろう。

最初の卒業生の一人ハッバードはのちに回顧して、イートン時代のカレッジは単なる「生徒」の寄宿舎であり、次のダンスター時代にようやくカレッジといえるものになったとしている。一方、コトン・マザーはイートンの専横を指摘しつつも、言語と教養においては大学教育に相応しいものだったと推定している。

しかしカレッジで安定した学校生活が営まれるまでにはなお紆余曲折を要した。それは初代学寮長ナサニエル・イートンの粗暴な行為とそれが招いた学業の中断であった。イートンはのちにマサチューセッツから逃亡し、やがて名門パドヴァ大学で博士号を修得したことからも判明するように、学問的探求心が旺盛で知的能力も優れていたようである。だが性格的には異端審問官的な加虐性を備えた人物だった。もっとも、隣接する牧場との境界が不確かなカレッジの敷地を木の塀で囲ったり、カレッジの内外を整備しリンゴの木を植林したりした「功績」もあった。

「暴力教師」の蛮行

カレッジの日常生活の実態は恐るべきものだった。イートンは、賄いを担当する妻と二人の用務員とともに学生と寄宿しながら学業を続けていたが、たちの悪い矯正施設の教官を思わせる暴力教師だったらしい。気にくわない学生を一度に二、三〇回殴り続けることもあったという。その上金銭の管理も非常に杜撰《ずさん》であった。こうした汚点により、まもなく彼はマサチューセッツ湾植民地から追いやられることになる。

学寮の食事もひどいものであった。当時の食事に必須とされた「三アイテム」ともいうべきパンと牛肉とビールがいずれも粗末に扱われていたのである。朝食についてはいつも準備不足で、パンは酸っぱくなっていることも多く、牛肉はほとんど出されず、ビールも相当出し惜しみされていた。その他にはポリッジ（お粥状のオートミール）とプディングくらいしか出されず、プディングには山羊の糞が混ぜられたことがあったという。これらは後日、夫イートンの審問に際し、謝罪の言葉を述べながら証言したその妻によって明らかにされている。イートン夫人は、使用人任せにしたため、自身がこのことを知らなかった不注意を詫びている。

ウィンスロップの『日誌』にはカレッジ初代学寮長のとんでもない暴行について詳しく記されている。開校して一年後の三九年夏、イートンはブリスコーという助手を雇った。ところが何らかの理由で両者は対立し、学寮長イートンはブリスコーに暴力を加えた。それがきっかけとなってイートンのさまざまな悪事が露見し、彼はマサチューセッツにいられなくなってしまう。この辺りの事情をウィンスロップの『日誌』から直接引用してみよう。

ボストンの総会は、クィリピアック（のちのニューヘイヴン）の商人の弟ナサニエル・イートンを召還し、懲戒した。事情は次のとおりであった。

彼は教師であり、植民地内の紳士やその他名のある人たちの息子を多く学生として受け持っていたが、一紳士の息子ナサニエル・ブリスコーを助手とし、学生に相応しい手伝いをさせることにした。ところが、採用して三日も経たないうちに、イートンは取るに足らない理由でこの助手と対立し、彼を叱責し、クビにしてしまった。

そして、家の外に追い出し、安息日の夜八時頃だったが、朝まで入ってくるなと言った。しかし、その間のやり取りで、彼はこの助手を殴りつけ、家の中に引き込んだ。ブリスコーは身を守るため取っ組み合いとなったが、手を引いて自分の部屋に閉じ籠もった。

イートンは巡査を呼んだが、巡査は教師の力でよく注意し、矯正の努力をし、その後で政務官に訴え出るようにと忠告した。しかしイートンは（クルミの木で作った馬でも殺せるほどの一ヤードの長さの）棍棒を持って来させ、二人の男を連れてブリスコーの部屋に行き、男に彼を押さえさせて、頭や肩を二〇〇回も殴りつけた。それも（二、三回休止したが）およそ二時間の間殴り続けた。

その間にシェパード氏ら近所の人数人が騒ぎを聞いてやって来て、そこで彼は殴るのを止めた。この騒ぎの中で、ブリスコーはナイフを出し、押さえていた男を襲ったが、怪我はなかった。そして彼は（殺されると思って）祈りを始めたが、イートンは神の名をみだりに用いたとしてまた彼を打った。

そのあとで、イートンと（これまでの経緯を知らなかった）シェパード氏が総督と数人の政務官のところへやって来て、ブリスコーの横柄な言葉遣いや、「人殺し」と叫んでナイフを取り出したことについて述べ、公に注意を与えるよう訴えた。政務官が、ブリスコー本人の言い分を聞いてから処分を決めたいと言うと、イートンはこれに不満を示し、立ち去った。

その後イートンは法廷に呼び出され、事の真相を知っている人からの情報に基づいて彼の説明を求めた。さらに、学生に対する彼の怠慢や残酷さなどの悪行についても答えを求めた。

彼の答えは傲慢で侮辱に満ちたものであった。そして政務官に対し、「自分は教職を辞するつもりだから何もしてくれなくていい。」と言った。しかし、なぜ彼は助手のブリスコーや他の学生にそれほど残忍な扱いをしたのかと尋ねられて（別の助手や多くの学生らが、彼は一度に二〇回から三〇回も殴り、自分の思い通りになるまで許してくれないと証言していた）、彼は「それが自分のルールであり相手が言うことを聞くまで矯正を続けるのだ」と述べた。また、寄宿生に対する食事の質の悪さや量の少ないこと（というのは、多額の寄宿費を払っているのに、出されるのはポリッジとプディングくらいな粗末なものだけ）について尋ねると、彼はそれを妻のせいにした。

次の日、法廷は彼を呼びだし、テーブルの末端に立たせ、四、五人の宣誓証言の上で、彼がこれまでに犯した犯罪に対して有罪を言い渡した。しかし、彼が自己の正当性を主張したので、夜も近く、彼は警備官によって翌日まで拘留された。

翌朝法廷が開かれたとき、多数の長老が入って来て、「昨夜彼に間違いを認めさせようと手を尽くしたが、彼は頑なに自分の正当性を主張した。しかし、最後になって、彼は耳を傾けるようになり、涙ながらに全面的に非を認めた。そこで彼らとしては彼が十分に悔悟していると思っているので、法廷は彼を赦免し、仕事を続けさせて欲しい。」と希望を述べた。

長老らが立ち去ると、法廷は協議の上、イートンを呼び、そしてその公開の法廷で、多数の人が集まっている前で、彼は充実した、賢明で能弁、かつ真剣（表面的には）な告白を行い、すべての点について自分の非を認めた。多くの政務官は彼の告白に心を動かされたが、だれも寛大な意見は述べなかった。また、宗教に係わる問題でもあり、子供を学校へ送ろうと思っている人たちに対する罪とも言えるので、全員が彼を懲戒し、教職を禁止することで同意した。

そこで彼を呼び入れ、総督は短い前置きの後、法廷の判決を次のように言い渡した。「ブリスコーに三〇ポンド支払い、かつ一〇〇マーク〈六六ポンド一三シリング四ペンス〉の罰金を支払うこと、その上マサチューセッツ湾植民地管内で教職に就くことを禁ずる」というものであった。しばらく沈黙があった後、彼は（前の告白により）神の栄光が与えられ、法廷の正義と慈悲が認められると期待していたので、総督が「何か言うことはないか」と尋ねると、彼は不快な顔をして横を向き、「判決が出た以上、何を言っても仕様がないだろう」と言った。しかし法廷は罰金を二〇ポンドに減額し、ブリスコーには二〇ポンドだけ受け取らせた。（山本周二『ピューリタン神権政治』一三一～一三三頁から引用、一部改変してある）

こうしてイートンは解雇されることになったが、モリソンはその最大の理由を学生に対する鞭打ちよりも、入寮費に見合う食事が供されていなかったことにあると見ている。「鞭を惜しめば子供がダメになる」という諺があるが、政務官も含めて、多くの大人はかつてそうした体罰を受けた経験の持ち主であったろう。今日では人権侵害も甚だしいこうした体罰も、当時は「教育」の一環として捉えられていたようだ。それにしてもイートンの行為は度を過ぎている。

逃亡したイートン

イートンへの譴責《けんせき》はこれだけでは終わらなかった。カレッジの予算の使途についても疑惑が生じていたのである。ハーヴァード以後、何名かの篤志家がカレッジに寄付を続けており、その額は合計するとかなりの金額に達した。しかしその使途は学寮長たるイートンに委ねられる部分が多く、収支状況がかなり不明朗であった。ハーヴァードが寄付したお金の一部も横領して持ち逃げした可能性が高い。

またイートンは兄セオフィラスの事業関係者らにもかなりの額の借金をしていた。ウィンスロップによれば、その借金は一〇〇〇ポンドにものぼるという。もっとも、モリソンはこのような莫大な額を使うことは困難で、この数字は誇張であるとみている。それでも多額の借金を踏み倒したことは確かなようだ。

これとは別に、イートンはケンブリッジ教会でも再び教会員から蛮行についての審問を受けるはずであったが、喚問日を前にボストンから逃亡し、ピスカタクァ（現ニューハンプシャーの地）に向かった。そこで総督ウィンスロップは彼を逮捕するため三人の巡査を追跡に差し向けた。イートンはヴァージニアに向かう船に乗り込むところで一旦は身柄を拘束された。逃亡したことを巡査に詫びたイートンは、家に戻るから船に置いてある荷物を取りに行かせてくれるように頼んだ。人の好い三人の巡査はボートに乗って帆船までイートンに同行したが、ボートが戻って海岸に着いたとき、イートンは丁重な仕草で二人の巡査を先に岸に上がらせた。その瞬間、船頭にボートを押し出すよう命じ、同時にもう一人の巡査を海に突き落とした。そしてそのまま帆船によじ登って首尾よく逃げおおせてしまった。

ヴァージニアに逃げたイートンは現地では温かく迎えられたといわれる。そこではイギリス国教会の低教会派が優勢であった。低教会派とは国教会左派で、カトリックに近い高教会派に対し、ピューリタンに近い一派を指す。イートンはまもなくノーザンプトン郡のハンガー教区で牧師に任命され、先に赴任していた牧師を補佐した。しかし、ここでも教区牧師と対立したという。

一方、マサチューセッツに残されたイートンの妻子は、翌年、逃亡した夫から現地に来るよう呼ばれた。妻の友人たちが引き留めたにもかかわらず、彼女はヴァージニアに向かったが、同行しなかった息子のベノーニ一人を除き、おそらく船旅の途中の海難事故で、以後消息不明になってしまった。難を逃れた長男のベノーニは、教会執事でハーヴァード・カレッジの事務員もしていたトマス・チェッショウムという人物に養育された。ベノーニは長じてケンブリッジで麦芽商を営んだという。

妻子を失ったイートンはやがて現地で二度目の結婚をした。相手のアン・グレイヴスは事情により一年余り前に同じくマサチューセッツからヴァージニアに移住してきた一家の娘であったが、父母兄弟を失い、一人孤独に暮らしていたのであった。ウィンスロップによれば「背教者イートン」は「そこでの習慣でいつも酔っぱらっていて、うぬぼれが強く、淫蕩な生活をしていた」という。またこの背教者は新しい妻が所持していた財産も使い果たしてしまった。一六四七年一月、マサチューセッツ時代の負債の返還訴訟を起こされたイートンは、二人目の妻を置き去りにして再度逃亡した。

イートン、ヨーロッパへ

ヴァージニアからも逃げたイートンは、一六四七年九月、イタリアの名門パドヴァ大学（㊵）にその姿を現す。博士資格候補者に名を連ねたイートンはここで集中的に勉学に励んだとみられ、イギリス人のリチャード・ダンビーという人物と共同で、同年一二月、哲学と医学の博士号を修得した。その研究成果は両者の共著『論考』として出版されたが、研究は主にイートンが行い、

㊵パトヴァ大学

費用はダンビーが融通したらしい。

パドヴァ大学は当時医学や自然学の研究において、ヨーロッパ最高水準を誇っていた。中世末から「アヴェロエス主義の牙城」と言われ、精緻なアリストテレス研究から発展させた独特の学風を醸し出していた。アヴェロエスは一二世紀のイスラム教徒学者で、スペイン・コルドバに生まれ、アラビア名をイブン・ルシュッドと言う。優れたアリストテレスの注解者としてキリスト教世界でも有名であり、そのアラビア語注解書が多くラテン語に翻訳されていた。

一五世紀以来、パドヴァには後世に大きな影響を及ぼした錚々たる学者が集まり散じていた。『学識ある無知』を著したニコラウス・クザーヌス、地動説を提唱したコペルニクス、理性の優位を説いたピエトロ・ポンポナッツィ、人体解剖研究のヴェサリウス、「血液循環の発見」のハーヴェイ、天文学者ガリレオ、感覚的経験論のテレシオ、論理学のザバレラらは皆パドヴァに学んだか、あるいはそこで教鞭を執っていた。イートンが在籍した時期にはすでにこれらの学者たちは他界していたが、全盛時の輝きにやや翳りがみえていたとはいえ、パドヴァはなおヨーロッパ中にその名声を轟かせていた知の殿堂であった。

その後の共和政時代、イートンはイギリスに戻ってひっそりと暮らしていたが、六〇年の王政復古を機会に「転向」し、ピューリタンとは決別して国教を遵奉することを誓い、イングランド西部シュロップシャーのビショップキャッスルという町で聖職に就いた。その間も創作意欲は依然衰えていなかったようで、六一年には『聖なる暦―イングランドの祝祭』という著書も残した。同書は王政復古で即位したばかりの新国王チャールズ二世に献じられており、その内容は教会関連のさまざまな祝祭行事に警句的な詩を添えたものである。そのうちの何篇かは、一九世紀の学者が『一七世紀の聖なる詩篇』というアンソロジーを出した時に秀作として選ばれたというから、やはり学問的資質には優れていたのであろう。

だが、放蕩な性癖も相変わらずであった。本国に戻ったイートンはまもなくメアリという女性と三度目の結婚をする。けれども生来の浪費癖にたたられたようで、六五年、借金問題で訴訟を起こされ、またも逮捕されてしまう。それでも一度は訴えた人物の召使いを買収して偽証を依頼し、うまく逃れた。その後、抜け目なく取り入ったイートンは、バース伯爵の厚遇を得、デヴォンシャーで最も聖職禄の良いバイドフォードという教区の牧師を務めた。そこでは反対者に冷徹な迫害者であったという。

こうした幸運もありながら金遣いの荒さは相変わらずで、結局七四年に再び逮捕されて有罪となり、牢獄に収容されることが決まった。その結果、何という因果であろうか、イートンはロンドンのサザークにあったジョン・ハーヴァードの生家から目と鼻の先の牢獄キングズ・ベンチに送られ、同年、獄中で生涯を終えた。栄誉に満ちるべきハーヴァード大学初代学寮長は、ピューリタンの禁欲主義におよそ似つかわしくない破天荒な暴君教師であったが、まるで神意に導かれるようにジョン・ハーヴァードの故郷で亡くなったのであった。

ただ、このころロンドンの牢獄は規定の金を支払えば看守付きで外出もできたし、金さえ払えば食物や飲物にも持ち込み制限はなかったという。さらに、看守に四ペンス掴ませておけば夜中に出歩くことも可能で、そのため多くの売春婦や泥棒はその手を用いて「生業」を続けていたという。このことから当時の刑務所は「割高な下宿屋」のようなものであったとする歴史家もいる（ミッチェル）。人一倍したたかなイートンのこと、もう少し若ければこうした抜け道も活用したことであろう。

ピューリタン革命とカレッジ

こうして開校してわずか一年後、ちょうどハーヴァードの死後一年経った三九年秋に、カレッジは一時閉鎖された。肝心の教師が突然いなくなり、残された学生たちは自宅に戻ったり知人の家に寄宿したりしながら、各自が牧師などの適当な個人教師について細々と学業を続けた。多くの困難を乗り越えてようやく開校したカレッジであったが、初代学寮長の思わぬ失態でその後一年間は休校を余儀なくされたのであった。それでも四〇年秋にわずか四名の学生で何とか再開されたのは、カレッジ設立の理念が決して曖昧で場当たり的なものではなかったことを示している。

本国ではピューリタン革命の原因となったスコットランドの反乱が三九年に勃発していた。ステュアート朝はもともとスコットランドから出ている。したがって、イングランド国王チャールズ一世はスコットランドの王も兼ねており、その宗教的弾圧の矛先をスコットランドにも向けたのであった。

スコットランドでは前世紀に宗教改革者ジョン・ノックスらの精力的な活動により、ピューリタンの長老派教会が圧倒的に優勢であった。しかしチャールズ一世はここにも国教会高教会派の流儀を押しつけようとしたので、スコットランド人の強い反感を買ったのであった。

このような不穏な情勢を伝えるニュースは、当然重大な関心をもってマサチューセッツでも受け止められたに違いない。本国のピューリタン勢力を支援するため、植民地からの帰国を考える者も多く現れたであろう。それでも湾植民地の指導者たちは、本国の政治情勢が安定化してからカレッジを再開しようとは思わなかったようで、カレッジ復活への準備を着々と進めた。それにはまず教師の人選から取りかかる必要があった。

ピューリタン革命の動乱は経済的にもマサチューセッツに打撃を与えた。本国と植民地を結ぶ物流が滞り、マサチューセッツは深刻な不況に見舞われた。このことは当然ハーヴァード・カレッジの財政にも大きく影響した。次に述べるように、カレッジは新しくヘンリ・ダンスターを教師として迎えて再開されるが、ダンスターは在任中ずっとカレッジの運営資金の確保に奔走することになる。

当初マサチューセッツ湾植民地総会はダンスターを補助教師として考えていたらしい。ダンスター自身ものちに回顧して「グラマースクールを終えて一定の年齢に達した若者に教えることを引き受けた」と言っている。おそらくカレッジの評議会は傑出した学者を招聘《しょうへい》して学寮長とするつもりであった。そしてその名を看板にハーヴァード・カレッジを喧伝し、優れた学生をニューイングランドに引きつけようとした。その学寮長の下にダンスターが補佐する体制が思い描かれていたのであった。ウィンスロップ二世が本国に遣わされた背景にはこうした事情があった。

コメニウスへの接近

こうした中で、意外にも、ベーメン（ボヘミア）出身の偉大な教育学者ヨハネス・コメニウスをハーヴァード・カレッジの学寮長に招聘しようという話が持ち上がっていたという。その出典はコトン・マザーの『マグナリア』である。厳密に言えば、そこに記された内容には年号などに若干の誤りがあるようだが、ヘッド・ハンティングの使命も担ってイングランドに赴いたのは、総督ウィンスロップの息子ジョン・ウィンスロップ・ジュニアである。カレッジの行き詰まりを案じたがゆえの起死回生策だったのだろう。この話の信憑性を疑う説もあるが、以下に紹介しておく。

ウィンスロップ二世は一六四一年の九月から、一年以上イングランドに滞在していた。カレッジへの募金活動を行いながら、さまざまな人脈を辿り、カレッジの目的に適う人物を捜していたのである。ちょうどその時期にコメニウスもサミュエル・ハートリブの招きに応じてイングランドに九ヶ月間留まっていた。

ハートリブはドイツ系の裕福な商人であったが、一時ケンブリッジにも学んだ幅広い知的関心の持ち主であった。後にはさまざまな個性を持った当時の新興科学者や神秘主義者らが集った私的サークル、すなわち、第三章のハーヴァードとモートン牧師の息子との関係のところで述べた「見えないカレッジ」を主催し、学者たちに資金援助をするようになる。しばらくしてミルトンとは深く親交を結ぶようになり、ロバート・ボイルやウィンスロップ二世の友人でもあった。

コメニウスのロンドン訪問の主な目的は「普遍的知識を集大成したカレッジ」の創設についてイングランド議会に協力を依頼するためであったという。いわゆる「汎知主義」に基づく教育実践を試みたのである。すでに『語学入門』（一六三一年）を著し、のちに大著『大教授学』（一六五七年）を公にする大教育学者は、既成の枠を越えた壮大で斬新なカレッジの構想を抱いていたとみえる。以前に述べたように、全ての学問を網羅し体系化したその構想のヒントはフランシス・ベイコンから多くを受け継いだものであろう。いずれにせよ、新しい科学的知識の台頭などによって、知識人の中には時代の流れに適った大学のあり方を模索する者も現れるようになった。

ところで、ハートリブはプロイセン出身のドイツ系移民である。コメニウスの故郷ベーメンも、その王が代々神聖ローマ帝国皇帝選出の七人の選帝侯の一人に数えられたように、ドイツ文化圏に属している。同時期に「国際法の父」あるいは「自然法の父」といわれるオランダのフーゴー・グロティウスが『戦争と平和の法』を著したのも、そのころ起こっていたドイツ三十年戦争の惨禍が背景となっている。またオランダ・スペイン間の八十年戦争も依然終結を見ることなく、断続的に戦闘が続いていた。

ハートリブ、コメニウス、グロティウスに共通しているのは、民族の枠を越えた普遍的理性への信頼であろう。そこには一向に止むことのないドイツの戦禍の中で、民族や宗派同士の不毛な対立を乗り越え、安定したヨーロッパの秩序を回復しようとする思想的動きが看取できる。その一方で、近代国民国家形成の動きもさらに活発になり、各国は競って国益の確保に邁進《まいしん》することにもなるのであるが。

ドイツ三十年戦争がフランスをも巻き込んで続行しているころ、イングランドにも衝撃が走った。四一年、アイルランドで勃発したカトリック信徒の反乱により、イングランド人国教徒が大虐殺されたのである。前年に召集されたいわゆる「長期議会」はこの反乱への対策に追われ、新カレッジの構想は立ち消えになってしまった。国家危急の折、議会は腰を落ち着けて教育問題を論ずる余裕もなかったのであろう。このアイルランドの反乱が直接の契機となって翌年のピューリタン革命の内戦に発展していく。コメニウスはこの内戦を避けてイングランドを離れ、スウェーデンに向かったが、その途上の四二年七月、オランダでデカルトと会って懇談している。

その頃のコメニウスはポーランドでの教職を辞したばかりであったが、偉大な学者に相応しく、スウェーデンやフランスからも招聘されていた。またコメニウスは先住民の教育や改宗にも非常に関心を抱いており、イングランドにやって来たのはそれについての情報を得ることも理由の一つであったという。彼自身ピューリタン系の一分派モラヴィア兄弟団の一員であったので、ニューイングランドからの赴任要請に多少は心を動かされたかも知れない。けれども、結果的にコメニウスは申し出を断った。モリソンはこれを賢明な選択であったとしている。仮に体制の整っていないニューイングランドのカレッジにわざわざやって来たとしても、失望してフラストレーションが蓄積されただけであろうと推測している。再起を図るハーヴァード・カレッジが当面必要としていたのは、若くエネルギッシュな教師だったのだから。

初代学長ダンスター

こうした状況下、風前の灯ともいえるカレッジを再生させたのが当時三〇歳のヘンリ・ダンスターである。その立派な功績により、ダンスターは栄えあるハーヴァード・カレッジの初代学長とされている。優れた研究者が直ちに優れた教育者とはいえないのは世の常である。ダンスターは傑出した研究者ではなかったが卓越した教育者で、カレッジのシステムを安定させ、評判を高めていった。

世界に君臨する名門ハーヴァードの初代学長であるがゆえ、今日広大なハーヴァード大学のどこかにその名を冠した施設があるのかも知れないが、ハーヴァード大学広報室で出している観光用の「ひとり歩きのしおり」には見当たらない。もっとも、ハーヴァード・スクエア駅とハーヴァードのインフォメーション・センターとの間にはダンスター・ストリートという名が残っている。(41)ダンスターを含めて、大学周辺には歴代学長の名前をつけた通りが多い。

ダンスターは、イングランド北西部ランカシャーにある小さな市場町ベリの独立自営農民の出自で一六〇九年生まれである。ハーヴァードより二歳年下であるが、二七年春にケンブリッジ大学モードリン・カレッジに入学し、三四年に修士号を得たのでケンブリッジではハーヴァードより一年早く課程を修了している。ミルトンやイートンと同じく、ケンブリッジの町中で何回かハーヴァードと顔を合わせたことであろう。

その後ダンスターは一時故郷で教師と副牧師をしていたが、おそらく四〇年八月六日に弟のリチャードとともに海を渡ってボストンに到着した。それから三週間後に学寮長就任の要請を正式に受ける。

なぜダンスターがカレッジの教師に選ばれたのだろうか。修士号こそ得ているものの、ダンスターには特別目立った業績はない。また彼の出身地でマサチューセッツ湾植民地と縁のある者は少ないうえ、特有の英

㊶ダンスター・ストリート
（ハーヴァード大学前）

語の訛りもあったという。イートンのようにロンドン有力商人の一族であったのでもない。それでも、教師の経験があったことと、何よりもマサチューセッツ湾植民地ドーチェスターの牧師リチャード・マザー夫妻がダンスターの故郷と結びついていたことが大きい。イートンに懲《こ》りた植民地指導者たちは肩書よりも人物を重視したのであろう。リチャード・マザーはランカシャー出身で、一七〇〇年前後のアメリカ植民地における最大の学者コトン・マザーの祖父である。彼がダンスターの支援を約束したとみられ、それに呼応するように、リチャード・マザーは四二年から終生ハーヴァード・カレッジの評議員を務めた。ともあれ、教師に就任したときはカレッジを取り巻く状況が最も困難な時期であったが、ダンスターは根気よくカレッジの存続と発展に取り組んだ。

ハーヴァード・カレッジのカリキュラム

再開されたカレッジに集まった学生に対しては、従来どおりそれぞれ個別に指導が行われたとみなされる。ここでもモリソンに拠り、その内容を見ていくことにする。

『ニューイングランドの最初の果実』ではダンスターが構想したと思われる三年コースのカリキュラムが提示されている。それによれば、入学に際しては韻文でも散文でもラテン語を自由に読み書きでき、ギリシア語の名詞や動詞の語形変化を完全にマスターしている能力が求められた。これもオクスブリッジを踏襲したのであろう。

またあらゆる正しい知識や学問の根源は「永遠の命たる神やキリストについてよく知ること」（新約聖書「ヨハネによる福音書」一七章三節）なので、学生は一日に二度、朝の集いの前と夕方五時に、聖書を読み祈りを行うことが義務づけられた。自身が神を感じてこそ智恵に至ることができるという観点から、自分自身で真摯に神と向き合い、「分別に呼びかけ、英知に向かって声をあげる」（旧約聖書「箴言」二章三節）べく、祈りを捧げることも求められた。良心に従い、神を敬い続けなければ強烈なしっぺ返しを受け、ついには神に見捨てられるとされた。ここでは、

御言葉が開かれると光が射し出で、無知な者にも理解を与える。（旧約聖書「詩編」一一九編一三〇節）

それで、神は彼らに惑わす力を送られ、その人たちは偽りを信じるようになる。こうして、真理を信じないで不義を喜んでいた者は皆、裁かれるのである。（新約聖書「テサロニケの信徒への手紙二」二章一一〜一二節）

などの言葉が引用されている。

学生の日課は、鐘の音とともに朝七時にチューターの部屋に集合することから始まった。助手の補佐こそあったものの、授業を担当したのは原則的に一人の教師なので、教師は時間差を設けて学年ご

とに学生に対応した。したがって時間割の編成もそれに即したものとなった。祈りや授業を怠けた学生には訓戒が与えられ、二度目になると矯正措置がとられた。もし性的逸脱行為を行った場合にはその学生の名は評議会に知らされ、公的に懲戒されることになった。

一科目の授業時間は一時間で、一年次生が午前八時と午後二時から、二年次生が午前九時と午後三時から、三年次生が午前一〇時と午後四時からとそれぞれ決められていた。要するに各学年とも教師の指導時間は午前と午後に一時間ずつということになる。空いた時間については課題を与えられて予習や復習に向けられたのであろう。

授業内容はケンブリッジのものを参考にしたとみなされる。一年次には午前中に論理学、自然学、ギリシア語の語源と統辞、ヘブライ語、修辞学、教理研究が、午後にはディスカッション、古典文法、聖書研究などが配された。二年次には午前中に倫理学、政治学、ギリシア語の韻律と弁証、カルデア語、雄弁術などが、午後にはディスカッション、詩作、エズラ記とダニエル書、修辞学などが置かれた。三年次の午前中には代数学、幾何学、天文学、シリア語などが、午後にはギリシア語の韻文と散文の文体研究、新約聖書研究などが主に組まれたが、夏期には植物の性質の研究、冬期には歴史講読も行われた。なお、三年次には自己の研究課題を追究する時間も設けられた。

最初の卒業生

一六四二年には一〇〇〇ポンドの大金をつぎ込んで待望の新校舎が完成した。この校舎はのちに「オールド・ハウス」と呼ばれ、現在の新入生の学寮グレイズ・ホールの場所に建っていた。パインツリーの家を改築した従来の校舎の裏手に当たる。この校舎はアルファベットの「E」型をしており、内部の空間には十分余裕があるように造られ、カレッジ生活に必要な設備も全て揃っていた。そのため「マサチューセッツの誇り」とさえ言われたが「荒野にはあまりに贅沢すぎる」とも言われたという。また、外見こそ立派であったが、マサチューセッツの気候に合わない内部構造であったうえ、補修にも費用がかかりすぎたので、結局三五年間使用されたのち廃棄されてしまった。

同年九月二三日、この完成したばかりの校舎のホールで最初の卒業式が行われた。九人の卒業生、十数名の在校生のほか、教師のダンスター、総督ウィンスロップ、副総督エンディコット、元総督ダッドリらの政務官、ジョン・コトン、ウィルソン、シェパードらの長老牧師、および数々の関係者らが列席して厳かに式が執り行われた。総会によってカレッジの創設が決定してから六年、列席者は一様に感無量であったことであろう。

こうしてハーヴァード・カレッジは最初の卒業生九人を送り出した。その中には四年前にカレッジ最初の入学生となり、「暴君」イートンと生活を共にした者が四名含まれていた。「ニューイングランドにおける学問の発展と学識ある牧師の養成」を目指して創設されたハーヴァード・カレッジであったが、本国の内乱が勃発したこともあり、第一期卒業生のうち七名はまもなくイングランドに帰国していった。晴れの第一回ハーヴァード・カレッジの卒業生として希望に満ちてマサチューセッツ・ケンブリッジを巣立っていったのは次の九人である。

・ベンジャミン・ウッドブリッジ（二〇歳）は本国に戻り、オクスフォードのモードリンホール・カレッジで修士の学位を得、バークシャーのニューベリーで牧師となった。

・ジョージ・ダウニング（一九歳）はハーヴァード・カレッジでチューターを務めたのち、新型軍の従軍牧師、下院議員、外交官などを歴任し、准《じゅん》男爵となった。

㊷オールド・カレッジのポンプ

・ウィリアム・ハッバード（二一）はイプスウィッチで牧師を務め、歴史家でもあった。
・ヘンリ・ソルトンストールはパドヴァ大学で医学博士の学位を得、オクスフォードのニューカレッジで特別研究員となった。
・ジョン・バルクリー（二二）はハーヴァード・カレッジでチューターとなり、イングランドで牧師と医師を務めた。
・ジョン・ウィルソンはメドフィルドで牧師、医師、教師を務めた。
・ナサニエル・ブルスター（二二）はロングアイランド（現ニューヨーク州）で牧師となった。
・サミュエル・ビリンガムはオランダのライデンで学生となり、ロンドンで医師となった。
・トビー・バーナードのその後については不明である。

カレッジの創立目的

「ハーヴァードはケンブリッジの娘」といわれる。すでにみたように、ケンブリッジ大学の卒業生が中心となってハーヴァード・カレッジを創設したことは間違いない。それにしてもマサチューセッツ湾植民地の当時の予算規模からすれば無謀とさえ思えるカレッジの創設決定を、本格的な移民からわずか六年後に行ったのはどのような理念に基づくものであろうか。『ニューイングランドの最初の果実』や「カレッジ認可状」に依拠しながら探ってみよう。

㊸ジョンストン門に刻字された文

『ニューイングランドの最初の果実・第二部』は「カレッジとそれによる学問の推進について」と題されている。その冒頭には次のような文章がみえる。この文章はハーヴァード大学ジョンストン門の左壁に刻まれている（㊸）。これに続く文章が前章の最後部で示したジョン・ハーヴァードの遺産寄付についてのものである。

　神がわれわれを無事にニューイングランドに送られたのち、われわれは家を建て、生活するのに必要なものを揃え、神を崇めるのに適った建物を造り、市民の政府も樹立した。われわれが次に熱望し、取りかかったことは、学問を推進してそれを子孫に伝えていくということである。現在の牧師たちが遺骨と化したとき、教会が無学な牧師の手に委ねられるのを恐れるからである。

このようにここでは「教養を身につけた牧師」の必要性が説かれている。けれども「学問の推進と伝承」も等しく強調されている。これらの章句を読み取ると、旧約聖書「創世記」の世界の創世神話に倣って神による「バイブル・コモンウェルス」の生成順序が示されているように思える。植民地人―住居―生活必需品―教会―政府―大学の順にピューリタンのユートピアが形成されていく。神の意思に従ってこのような六段階を全うしてこそ、聖書の教えに基づく「地上における神の栄光」が実現されると考えられている。七段階目は安息なのか。

ハーヴァード・カレッジの設立目的は、しばしば「牧師の養成」のためといわれてきた。もちろんそれは現実的な目的の一つに含まれると思える。以前にも述べたが、「神権政治」を標榜する上でリーダーたる者は古代の預言者よろしく「聖徒」の自覚を持つべきことも求められた。それにはピューリタンが支えとする聖書の正しい知識が不可欠であり、その意味でマサチューセッツ湾植民地を健全に運営していくには高度な教養を備えた「聖徒」が必要であった。

しかし、こうした牧師や政治的リーダーなどの一部上層者だけでなく、マサチューセッツ全体が神意を正しく認識し、「神の栄光」を実現するには確固とした知的拠点がどうしても欠かせなかった。自分たちが独自に打ち立てた理想の教会を補完する「知の司令塔」、それがハーヴァード・カレッジであった。ハーヴァードは特定宗派の理念を設立目的に折り込んではいないし、神学校的なカラーが色濃かったわけでもない。

そのハーヴァード・カレッジの「認可状」は一六五〇年に作成されたが、そこでも牧師の養成についてはまったく言及されていない。そこで述べられているカレッジの大きな目的は次のようなものである。

・あらゆる良き教養と学芸と学問の推進
・あらゆる種類の良き教養と学芸と学問についての青少年教育の推進
・知識と信仰について、ここ植民地のイギリス人およびインディアンの青少年教育に貢献するあらゆる必要な事柄の提供

こうした「教養主義」を裏付けるように、一七世紀のハーヴァード・カレッジ卒業生の中で牧師の道を歩んだのは五二パーセントに過ぎず、これはオクスブリッジに比較しても少ない割合であるという。同世紀末、ハーヴァードの世俗色に嫌気がさしたインクリース・マザーらはコネティカットにイエール大学を創設してハーヴァードとは別の道を歩むことを決断したが、これは一七世紀ハーヴァー

ド・カレッジの歩んだ道の一端を物語っている。

ダンスターの貢献

ケンブリッジ大学出身者たちの思い描くイメージで設立されたハーヴァード・カレッジでは、「オクスブリッジ風カレッジ」に倣い、教師と学生が同じ建物に起居して共に生活し、授業、祈り、レクリエーションまであらゆる事柄に「師弟同行」を実践することが求められた。しかしちょうどカレッジがスタートしたとき、本国のピューリタン革命に伴うさまざまな影響で、マサチューセッツ湾植民地は深刻な経済不況に陥った。

こうした状況下、厳しい現実に対応するため、カレッジを「軽量化」する案も提出された。経費のかかる学寮制度を廃止し、オランダなどで見られるように、カレッジでは学問だけを講じ、学生は自宅や下宿から通って聴講するというものである。授業は外部の牧師や知識人を講師に招くなどして運営し、また宗教やレクリエーションなどは全て学生個人の自主的活動に委ねてカレッジと切り離す、とするものである。ウィンスロップも一時この案に乗り気だった。しかしダンスターは経済的な逆風下でもオクスブリッジ風の学寮制度、すなわち「師弟同行」にこだわってその維持に努めた。

それには当然ながら予算の確保が重大な問題であった。ジョン・ハーヴァードの遺贈金はカレッジの建物改築につぎ込まれたり、おそらくイートンに横領されたりしてすでになく、総会の議決によって拠出された予算も、次々に舞い込んでくる請求書の支払いに消えていった。それでも植民地内で個人的に協力を申し出る者もかなり現れ、数シリングから最高四〇ポンドまでの寄付金が寄せられた。また本国イングランドでの募金でも何人かの篤志家から数百ポンドが集められた。とりわけハーヴァード・カレッジ最初の奨学基金一〇〇ポンドを与えてくれたアン・ラドクリフ・モウルソン女史の恩恵は大きい。これとは別に学長宿舎の建設に一五〇ポンドが充当された。

一方、マサチューセッツ湾植民地総会はダンスターの要請を認め、ボストンとチャールズタウンを結ぶ渡し船で得られる収入をカレッジに充てることにした。これにより年間三〇～四〇ポンドの歳入が見込まれた。さらに四四年に四つの植民地を併せたニューイングランド連合が成立すると、牧師シェパードは連合内のそれぞれの家族がカレッジのために麦一袋か一シリングを提供してくれるように呼びかけた。これは各植民地の協力でしばらく効果を上げたが、それも少しずつ減少していった。それでも植民地総会の支援や個人の協力などで何とかカレッジは維持されたが、一七世紀を通じて慢性的な予算不足に悩まされ続けたという。ダンスター時代のハーヴァードでは平均して年間一七五ポンドの予算が必要だったと言われている。

ダンスターは結局一四年間カレッジの学寮長を務めた。その間に財源の確保やその他のさまざまな領域でカレッジの整備を図り、それ以後連綿と続くハーヴァード大学の基盤を固めた。

現代でも基本的に影響力を持っている「カレッジ認可状」が作成された五〇年には、理事会（コーポレイション）も設置された。これは学長、収入役、五人の終身理事で構成されるもので、ダンスターは理事たちにも俸給を支払うつもりだったが、財政難でそれは叶わなかった。もっとも以前からある評議会も依然存続しており、カレッジの運営に強い力を持っていた。評議会は何かとカレッジの運営に口を挟んだが、ダンスターはこれを疎ましく思っていたといわれる。

一六五四年の時点でハーヴァードには五、六〇人の学生がいたが、この頃には修士号の修得を望む者も含まれ、学生の出身もイングランド本国やバミューダ地域、ヴァージニア、ニューアムステルダム（現ニューヨーク）などさまざまであった。すでに最初の卒業生を出してから一〇年以上経過していたので、卒業生の中にはカレッジでチューターとなってダンスターを補佐する者もいた。しかしチューターの俸給は年間一二ポンド以下でしかなかったので、入れ替わりが激しく、授業に支障をきたす場合もあったという。

それでもダンスターの努力によりカレッジの運営はしだいに安定し始め、オクスブリッジ卒業者もまもなくハーヴァードの卒業生を自分たちと同資格と認めるようになった。ジョン・ハーヴァードと同じく無名だったダンスターは、こうしてハーヴァードに準じて初代学長として名を残すことになった。

草創期ハーヴァード・カレッジのほとんど代名詞とも言えるダンスターであったが、またしても「マサチューセッツの悲劇」が繰り返された。再洗礼派の立場を採るダンスターは自身の末子に幼児洗礼を受けさせず、ケンブリッジの他の幼児洗礼も妨害したので、そのことが大きな問題となった。マサチューセッツの条例では幼児洗礼に疑問を抱いてはならなかったのである。

カレッジの評議会はダンスターに辞職か自説の撤回かを求めたが、今までの大きな功績に敬意を表して自説の撤回を選ぶよう説得した。しかしダンスターは辞職する道を選び、カレッジを去っていった。ダンスターは再洗礼派教会のあるプリマスに移住し、五年後そこで亡くなったという。

ハーヴァードの前後三〇〇年

巨視的にみると、イギリス史とそこから派生したアメリカ史には「海を渡る」奇妙な三〇〇年のサイクルがある。いずれについても、それぞれ異なる海が重要なキーワードとなって登場し、別の世界と関わりを持って新しい次の段階の歴史を形成するものである。それが「止揚」というものに相当するかどうかはここでは考察しないが、その海とは英仏海峡、大西洋、太平洋であり、いずれもイギリス史とアメリカ史においてきわめて重大な意味を持っている。

一一世紀前半、ノルマン人たちが大挙して北海を渡り、イングランドを含めヨーロッパの各地に押し寄せた。いわゆるヴァイキングの侵攻である。イングランドは一旦デンマーク王カヌートに征服され、半世紀後には「ノルマンの征服」によって英仏海峡を渡ったノルマン系フランス貴族のノルマンディ公ウィリアムに再び征服された。「一〇六六年」という年はイギリス史において日本の「一一九二年」に匹敵する有名な年号であるが、この出来事をきっかけにイングランドにフランスの言語や文化、大陸の封建制度などが移入され、その結果、中世イギリスの独特の世界が形成されることになった。

次に、一三三八年、ちょうどハーヴァード・カレッジの授業が開始された一六三八年より遡ること三〇〇年前、ヨーロッパ大陸におけるさまざまな権益の確保を狙ったイングランド軍は、英仏海峡を渡ってフランスに侵攻した。百年戦争の始まりである。その後イングランドは一時フランスの大半を制圧する形勢であったが、その野望は結局失敗に帰し、支配領域はブリテン島に限定されることになった。結果的にこのことは国内の政治勢力の再編成につながり、次の海外発展に備える時期となった。

それから三〇〇年後、やや遅ればせながら本格的に大航海時代の植民地競争に参入したイギリスは、アジアでは主にインド、アメリカでは大陸北部に活路を求めた。そして本文で示したように、一六三〇年代にはマサチューセッツへの大移住が行われ、ジョン・ハーヴァードもその一人となった。またハーヴァード・カレッジも創立された。ピューリタン革命の内乱期に一時移民が激減したものの、大局的にはこの時期から徐々に新大陸への移住者が増加し、一世紀半近く経過したのち、独立戦争開始の時点で北米植民地はおよそ二五〇万の人口を擁するようになった。

ユーラシア大陸極西の島国イングランドで大勢の人々が大西洋を越えてアメリカに向かったまさにその時期、大陸極東の島国わが日本では徳川幕府の政策によって鎖国体制が最終的に完成した。「外に乗り出した国」が世界に拡散していったのとは正反対に、「内に引きこもった国」は国民の出国を厳に取り締まり、政府レベルでの外国との交渉はほとんどなくなった。

さらにそれから三〇〇年が経過した。三〇〇年前に「内にこもった国」は、今や東アジア一帯の覇権を得るべく積極的な対外政策に転じ、かつて「外に乗り出した国」と激しく対立するようになった。もっとも、「外に乗り出した国」からはアメリカ合衆国という新国家がはるか昔に独立しており、対立の基軸は太平洋を挟んでの二国に置かれた。日本と対立した国の大統領は異例の四選を達成したフランクリン・ルーズヴェルト、奇しくもその在任中に創立三〇〇年を迎えたハーヴァードの卒業生であったのである。

あとがき

カンタベリには二度行ったことがある。

ドーヴァー海峡にほど近いこの町には、イギリス国教会の総本山カンタベリ大聖堂がある。この荘厳なゴシック式大聖堂は長らくイングランド最大の巡礼地であった。「聖トマス・ベケットの奇蹟」にあやかろうと各地から巡礼者がやって来たのだ。カンタベリは今日でもイングランド有数の名所の一つであり、多くの観光客が訪れている。中世の面影が色濃く残る魅力的な町である。

一二世紀後半、まだイングランドがカトリックの勢力下にあった時代、カンタベリ大司教トマス・ベケットは国王ヘンリ二世の刺客によって暗殺された。自らの影響力を教会にも及ぼそうとする王の野望を受け入れなかったためである。この暗殺はベケットによる「奇蹟伝説」を生んだ。その殉教場所に触れると、聖人の奇蹟により、願いが叶えられるのだという。

図々しくもキリスト教徒ではない筆者も便乗し、二度とも御利益にあずかろうとそこに触れながら願をかけた。しかしさすがは聖人、日頃無神論を標榜しているわが身勝手など難なく見抜かれ、いずれも願いを叶えるどころか、静かに新たな試練のみお与え下さった。

そのカンタベリの大主教にも就任し、イギリス国教会における最高の聖職者の地位にまで昇り詰めたウィリアム・ロードは、急進的ピューリタンに対して過酷ともいえる弾圧政策を行った。外面的善行よりも内面的信仰を重んじるピューリタンたちにとって、カンタベリへの巡礼はほとんど意味をなさなかったであろう。彼らにとって、荘重な大聖堂はむしろロードらの宗教的圧迫の象徴だったかもしれない。多くのピューリタンは巡礼の地をカンタベリではなく、海外に求めた。言うまでもなく、本書で取り上げたジョン・ハーヴァードも、そうした時代思潮の中でアメリカへの移住を決意した一人である。そのハーヴァードの生涯やハーヴァード・カレッジの誕生までについて調べる過程で、改めてさまざまなことを考えさせられた。

まず、旧石器時代からすでに発生していたといわれる人間と宗教との関わり。また、宗教の中でもキリスト教が世界史において果たした大きな役割。さらに、キリスト教内部におけるピューリタニズムが及ぼした独特の影響力などについてである。もちろん、これらの大問題をここで論《あげつら》うつもりはない。ここではただ、ピューリタンの禁欲主義とアメリカの現在、およびジョン・ハーヴァードの人物像についての雑感を付記するにとどめる。

アメリカ合衆国の原点にはピューリタニズムがあるという。

キリスト教に限るわけではなく、また宗教上の理由からだけでなく、世界のあらゆる歴史においては、ピューリタンのごとく、「清貧への回帰」とも言うべき現象が周期的に到来するようだ。緊張・

統御という求心力と、弛緩・放縦という遠心力は、いつの時代にも程良いバランスを求めているのだろう。

マックス・ヴェーバーのいうように、ピューリタニズムの倫理に資本主義の発展を促す要因が内在しているかどうかはわからない。そもそもピューリタンの禁欲主義は資本主義の支えである消費生活とは両立しないので、そのテーゼは成立しないという反論もある。

しかし、結果的に現在のアメリカ合衆国が資本主義の最先進国であり、世界の政治や経済、あるいは文化にまで、巨大な影響力をもっていることは間違いない。わが日本などは最もその影響の下にある国であろう。渦巻く欲望、溢れる製品、押し寄せる情報洪水、過剰に供給される食糧や飲料。最近の調査によれば、世界各地にいまだに多数存在する飢餓に苦しむ人々をよそに、アメリカ国民の二割以上は健康への悪影響が深刻に懸念される肥満体であるそうだ。ピューリタニズムの禁欲主義や節制精神は、紆余曲折を経ながらも、最終的には欲望の充足と飽食への道に帰着したのだろうか。

一八世紀中頃、大革命前夜にフランス宮廷で勢威をふるった国王の愛妾ポンパドゥール夫人は、「われらのあとは大洪水」と言ったという。さまざまな特権を享受しながら豪華絢爛な宮廷生活を満喫できたのは、国民のごくわずかであったが、その費用は無数の名もなき庶民から搾取したものである。それでも国家財政はほとんど限界ともいえる慢性的赤字に陥っていた。その後まもなくフランス革命という大洪水がフランスやヨーロッパを席巻し、多くの犠牲者と空前の大混乱を招いたことは周知のとおりである。

ポンパドゥール夫人の警句は決して風化した過去のエピソードではない。現在、全地球規模で環境問題が深刻化していることは、だれの目にも明らかである。一方で一旦味わった便利さや快適さを失うことは難しい。当面の選択では、どうしても目先の経済発展や利便が優先してしまうのだろう。

それにしても現在の世代が「美味しい」所を取り尽くしたために、次の世代以降が悲惨な「大洪水」の被害に見舞われるのであれば、それはあまりに無責任に過ぎる。それを避けるためにも、筆者自身はピューリタニズム的な方向に幾分の揺り戻しがあるべきであると思っている。利潤追求のためにほとんど野放図な取り尽くしが許容され、自然や環境が破壊されるままに放置された今日の状況が、人間としての智恵も抑制も利かない特殊な時代だった、とずっと後の子孫から指弾されるかも知れない。ピューリタニズムの理念かどうかは別として、内面的な充実感の重要性がもう少し強調されていい。

次に、ハーヴァード個人について考察してみる。

ジョン・ハーヴァードの生きた軌跡を追うことなどは、単なる好事家趣味、いわゆる「オタク」の自己満足なのであろうか。本文にもあるように、一世紀前のハーヴァードの学長は、無欲で虚弱で短命な青年牧師ジョン・ハーヴァードが永遠にその名を残し、その撒いた種は大輪の花を咲かせた、との趣旨を述べた。ただ、当のハーヴァードはもちろん自身の名を残すことなど考えもよらず、またこうした形でその名が永遠にとどめられるとは夢想だにしなかったであろう。

さまざまな観点から調べてはみたものの、結局われらがジョン・ハーヴァードの人物像は今ひとつ曖昧なままである。彼に言及した同時代の史料がきわめて限られるからである。それぞれに個性的で独立心旺盛なマサチューセッツ湾植民地に移住したピューリタンの面々の中で、珍しく控え目で目立たない性格だったからであろう。歴史に仮定を持ち込む無意味さは承知している。しかし、ハーヴァードが仮に病魔に冒されることなく長く生きながらえたとすれば、きわめて平凡にある教区の実直な牧師として地道な生涯を送り、カレッジに名が残されることもなかったと思われる。

ジョン・ハーヴァードの遺産が寄贈されなかったならば、ハーヴァード・カレッジは運営困難に陥り、廃校の止むなしに至ったであろうか。おそらくそうではない。たとえ厳しい財政状況であっても、あるいは一旦は中断したとしても、マサチューセッツ湾植民地のカレッジは細々とその営みを続けたであろう。

では、われわれはジョン・ハーヴァードから何を学ぶのだろうか。

過去の出来事を調べながら時々思う。図書館の十数巻にも達する分厚い人名辞典には、いかに夥しい数の名が掲載されていることか。日頃歴史を専攻している者でも今までまったく目にしたことのない膨大な人名が並んでいる。けれども、いかに浅学の身に馴染みがない名であっても、辞典や事典に名前が掲載されている人たちのほとんどは時代の寵児か、良きにつけ悪きにつけ、ひときわ注目された人々である。

それでも、あらゆる詳細な辞典の類に掲載されている人々を全て集めてみたとて、いかなる辞典に名前の載ることもない無名の人々はその何万倍と存在する。歴史は生きた痕跡さえ残すことなく土に還った無数の名もなき人々によって作られてきた。そしてそれぞれの人々にだれにも代替不可能な人生ドラマがあり、独自の宇宙があるのだ。いたずらに感傷に沈むのは趣味ではないが、人類の歴史がそうした人々によって作られてきたのであることは、常に思い起こす必要があろう。

歴史の因果は不可解である。結果的に名が残るかどうかは大したことではない。ジョン・ハーヴァードは、その時代の中で懸命に、そしておそらく純粋に、自己の本務を全うしようと考えた。実直や誠実が報われにくい現代日本では忘れられがちなことであるが、地道に社会への貢献意識や共生感覚を持ちながら、己れの信条に則って日々職務に励むことの大切さを改めて教えてくれた気がする。

一昨年夏から初秋にかけてイギリスを訪れた。ロンドン大学で史料や資料を調べる合間にジョン・ハーヴァードゆかりの地を辿った。ロンドンのサザーク、ケンブリッジ大学イマニュエル・カレッジ、そしてストラトフォード・アポン・エイヴォンを巡り、それらのどこにも今なおハーヴァードの痕跡がはっきりと認められることを確認することができた。また、昨年は同じ時期にアメリカに足を運び、ボストンの中心部、ハーヴァードが短期間住んでいたチャールズタウン、ケンブリッジのハーヴァード大学、プリマスなどを直接訪ねることができた。

圧倒的な西洋の影響下に築き上げられた現代日本に現代の国際社会。「西洋を訪ねる」とは結局「日本捜し」をすることなのだろう。


本書を構成する上で、とりわけ早稲田大学図書館、ロンドン大学教育研究所図書館、サザーク地域研究図書館、ボストン公共図書館、ハーヴァード大学ピューズィ図書館からは多くの図書や資料・史料を閲覧させていただいた。心から謝意を表したい。

また、本書を作り上げる中で、さまざまな形で快く協力していただいた方々に衷心御礼を申し上げる。とりわけ、数々の有益な御指摘をいただいた国立国会図書館勤務の齋藤健太郎氏、および前作『歴史のなかの子どもたち』に続き、今回も暖かくかつ辛抱強く仕事の完成を支援していただいた学文社専務の三原多津夫氏、編集部の中谷太爾氏には、ここに特筆して感謝申し上げたい。

ジョン・ハーヴァード、初期ハーヴァード・カレッジ関係年表

（＊はイングランド史関係事項、※はアメリカ植民地史関係事項）

一五七六？　父ロバート・ハーヴァード出生
一五九七　ロバート、サザークに肉屋を開業
　　＊このころシェイクスピア、サザークに転居
一六〇〇　ロバート、バーバラ・デスィンと結婚
　　＊東インド会社成立
　　＊ウィリアム・アダムズ、オランダ船で日本に漂着
一六〇三　＊エリザベス一世死去、ジェイムズ一世即位
　　ロバートの妻バーバラ死亡（九月）
一六〇四　＊シェイクスピア、フィリップ・ロジャーズを訴える（七月）
一六〇五　ロバート、カサリン・ロジャーズと再婚（四月）
　　＊ガイ・フォークスらの火薬陰謀事件（一一月）
一六〇七　※ヴァージニア植民地成立
　　ジョン・ハーヴァード出生（一一・二九受洗）
一六一四　父ロバートらサザークの有志、セント・セイヴィア教会を購入
一六一六　＊シェイクスピア死亡
一六一九　※ヴァージニアに植民地議会成立
一六二〇　※ピルグリム・ファーザーズ、プリマスに到着（一二月）
一六二五　＊ジェイムズ一世死去、チャールズ一世即位
　　ジョン・ハーヴァード、父と四人の兄弟姉妹をペストで失う（夏）

一六二六　母カサリン、ジョン・エレッソンと再婚（一月）
一六二七　カサリン、リチャード・ヤーウッドと再々婚（五月）
　　　　ジョン・ハーヴァード、イマニュエル・カレッジに入寮（一二月）
一六二八　＊イングランド議会、「権利の請願」提出
一六二九　ウィンスロップらの「ケンブリッジ合意」（八月）
一六三〇　ピューリタンの集団、マサチューセッツへ「大移住」
一六三三　ウィリアム・ロード、カンタベリ大主教に就任
一六三五　ジョン・ハーヴァード、ケンブリッジ大学で修士の学位を得る（七月）
　　　　母カサリン死亡（七月）
　　　　※ロジャー・ウィリアムズ、マサチューセッツから追放（一〇月）
一六三六　ジョン・ハーヴァード、アン・サドラーと結婚（四月）
　　　　マサチューセッツ湾植民地総会、カレッジの設立を決定（一〇・二八）
一六三七　ジョン・ハーヴァードの弟トマス死亡（春）
　　　　ピークォット戦争終結（五月）
　　　　ハーヴァード夫妻、マサチューセッツ湾植民地に到着（六月末？）
　　　　ジョン・ハーヴァード、公民として承認される（一一月）
　　　　ハーヴァード夫妻、チャールズタウン教会会員として承認される（一一月）
　　　　総会、カレッジをニュータウンに置くことを決定（一一月）
　　　　カレッジの初代教師としてナサニエル・イートンが決定（一一月）
一六三八　アン・ハッチンソンの追放決定（三月）
　　　　ニュータウンをケンブリッジと改称（三月）
　　　　ジョン・ハーヴァード、法律委員会の委員に委嘱される（四月）

一六三九　マサチューセッツ湾植民地のカレッジ開校（八月？）
ジョン・ハーヴァード、肺病により死亡（九・一四）
カレッジをハーヴァード・カレッジと呼ぶことに決定（三月）
＊国王軍、スコットランドに侵攻し、第一次主教戦争勃発（四月）
イートン、マサチューセッツより逃亡し、カレッジ一時閉鎖（夏）
一六四〇　ヘンリ・ダンスター、学寮長に就任し、カレッジ再開（八月）
一六四二　＊ピューリタン革命の内戦勃発（八月）
ハーヴァード・カレッジ、最初の卒業生九人を送り出す（九月）
一六四三　ロンドンで『ニューイングランドの最初の果実』出版
一六四四　北米四植民地、「ニューイングランド連合」を形成
一六五〇　総会よりハーヴァード・カレッジに「認可状」与えられる
一六五四　ダンスター、再洗礼問題でハーヴァード・カレッジを辞職

図版

＊本書で用いた写真のほとんどは、著者自身（一部現地在住の留学生に依頼）が現地で最近撮影したものである。ただし、以下のものについては、他の著書や史料から転用させてもらったのでここに示しておく。

・Shelley, Henry ,John Harvard and His Times, London ,1907 より転載
表紙見返し（一六世紀のサザーク案内図）、一二六頁・図版②、四二頁・図版⑯、八五頁・図版㉓、八九頁・図版㉕、一二二頁・図版㊳、一八七頁・図版㊴

・一四頁の「ロンドン図」はサザーク地域研究図書館蔵の一六三八年版「ロンドン図」（フランクフルト・アム・マインにて出版）より

参考文献　［　］は原著出版年

＜外国文献・邦訳＞　著者名や著書名については出版されたままの表記を用いている。そのため、本文で用いた表記と若干異なる場合もある。

＊Bacon, The Advancement of Learning, 1605.
ベーコン（成田成寿訳）『学問の発達』講談社（世界の名著『ベーコン』20所収）、一九七〇年。
＊Bailyn, Bernard et al., Glimpses of the Harvard College, Cambridge Mass., 1986.
＊Beier, A.L./ Finlay, R.（eds.）, London 1500-1700 : The Making of Metropolis, 1986.

ベーア・フィンレイ編（川北稔訳）『メトロポリス・ロンドンの成立』三嶺書房、一九九二年
＊Bentinck-Smith, William, The Harvard Book : Selections from Three Centuries（Revised Edition）, Cambridge Mass., 1982.
＊Bonfanti Leo, Massachusetts Bay Colony, Wakefield Mass., 1980.
＊Brown, Richard D., Massachusetts : a Bicentennial hitory , New York ,1978.
＊Cubberley Elwood P., The History of Education, London, 1948.
カバリー（川崎源訳）『カバリー教育史』大和書房、一九八五年
＊Cassirer, Ernst, The Platonic Renaissance in England, University of Texas Press, 1953［1932］.
カッシラー（三井礼子訳）『英国のプラトン・ルネサンス』工作舎、一九九三年
＊Catto, J.I.（ed.）, The History of the University of Oxford: vol.1, Oxford, 1986.
＊Cressy, David, Coming Over : Migration and Communication between England and New England in the seventeenth century, Cambridge, 1987.
＊Davis, A.M., John Harvard's Life in America, or Social and Political Life in New England in 1637–1638, 1908.
＊Dunn, Richard S.,（*et al.* eds.）, The journal of John Winthrop 1630-1649, Cambridge, Mass. 1996.
＊Elton, Charles I., William shakespeare,
＊Frothingham, Richard, History of Charlestown, Boston, 1845.
＊Games, Alison, Migration and the Origins of the English Atlantic World, Cambridge, Mass. 1995.
＊Garin, Eugenio, L'educazione in Europa, Bari, 1957.
ガレン（近藤恒一訳）『ヨーロッパの教育』サイマル出版会、一九七四年
＊Green, Vivian Hubert. H., The Universities, London, 1969.
グリーン（安原義仁・成定薫訳）『イギリスの大学』法政大学出版局、一九九四年
＊Hart, Albert Bushnell, American History told by Contemporaries : vol.1, New York, 1924–25.

＊　〃　, What do we know about John Harvard, Harvard Monthly Vol.2, 1886.
＊Hofstadter, Richard, The Development of Academic Freedom in the United States, New York,1955.
ホフスタッター（井門富士夫・藤田文子訳）『学問の自由の歴史1―カレッジの時代』東京大学出版会、一九八〇年
＊Inglis, Alexander J., The rise of the high school in Massachusetts, New York, 1911.
＊Johnson, Paul, A History of the American People, 1997.
ジョンソン（別宮貞徳訳）『アメリカ人の歴史Ⅰ』共同通信社、二〇〇一年
＊Kearney, Hugh, Scholars and Gentlemen, London, 1970.
＊Labaree, Benjamin W., Colonial Massachusetts, New York, 1979.
＊Little, B., The College of Cambrige 1286–1973, London, 1973.
＊Lopez, Enrique Hank, The Harvard Mistique, New York, 1979.
ロペス（常磐新平訳）『ハーバードの神話』ＴＢＳブリタニカ、一九八一年
＊Mather, Cotton, Magnalia Christi Americana or The Ecclesiastical History of New-England, New York, 1972［1721］.
＊Milton, John, Of Education to Mr. Samuel Hartlib, London,［1644］.
ミルトン（私市元弘・黒田健二郎訳）『教育論』、未来社、一九八四年
＊Miitchell, R.J. / Leys, M.D.R., A History of London Life, London, 1958.
ミッチェル・リーズ（松村赳訳）『ロンドン庶民生活史』みすず書房、一九七一年
＊Morison, Samuel E., The Founding of Harvard College, Cambridge Mass., 1935.
＊　〃　, Three Centuries of Harvard, Cambridge Mass., 1936.
＊　〃　, Harvard in the Seventeenth Century, Cambridge Mass., 1936.
＊　〃　, The Oxford History of the American History, Oxford,
モリソン（西川正身翻訳監修）『アメリカの歴史1』集英社、一九七〇年
＊Nash, Roderick, From These Biginnings : A Bibliographical Approach to American History, 1987.

ナッシュ（足立康訳）『人物アメリカ史（上）』新潮社、一九八八年
*Norton, Mary B.*et al.*, A People and a Nation : A History of the United States, Boston, 1994.
ノートン他（白井洋子・戸田徹子訳）『新世界への挑戦』（アメリカの歴史①）、三省堂一九九六年
*Powell, Anthony,（ed.）Brief Lives and Selected Writings by John Aubrey, London, 1949.
オーブリー（橋口稔・小池金圭訳）『名士小伝』冨山房、一九七九年
*Quincy, Josiah, The History of Harvard University: vol.1, Boston, 1860.
*Rudolph, Frederick, The American college and University, New York, 1962.
ルドルフ（阿部美哉・阿部温子訳）『アメリカ大学史』玉川大学出版部、二〇〇三年
*Schoenbaum, Samuel, Shakespeare: A Documental Life, Oxford, 1975.
シェーンボーム（小津次郎他訳）『シェイクスピアの生涯』紀伊国屋書店、一九八二年
*　〃　, Shakespeare: HIs LIfe, His Language, His Theater, New York, 1990.
シェーンボーム（川地美子訳）『シェイクスピア』みすず書房、一九九三年
*Shelley, Henry C., John Harvard and His Times, London, 1907.
*Smith, John, Advertisements for the planters of New-England, Amsterdam, 1971［1631］.
*Smith Richard N., The Harvard Century - The Making of a University to Nation, 1986.
スミス（村田聖明・南雲純訳）『ハーバードの世紀』早川書房、一九九〇年
*Stone, Laurence, The University in Society vol.1, Princeton, 1974.
*Stubbing, Frank, Emmanuel College : An Historical Guide, 1996.
*Thompson, canon, History and Antiquities of the Collegiate Church of St.Saviour, London, 1898.
*Twigg, John, The University of Cambridge and the English Revolution, Cambridge, 1990.
*Waters, Henry FitzGilbert, John Harvard and HIs Ancestry, Boston: New-England Historical Genealogical Society, 1885.
*Washburn, Wilcomb E., The Indian in America, 1975.

ウォッシュバーン（富田虎男訳）『アメリカ・インディアン―その文化と歴史』南雲堂、一九七七年
＊Willison, George F., Saints and Strangers, Orleans Mass., 1964.
＊Wrightson, Keith, English Society 1580–1680, London, 1982.
ライトソン（中野忠訳）『イギリス社会史 1580–1680』リブロポート、一九九一年

＜和書＞
＊荒井良雄・大場建治・川崎淳之助編『シェイクスピア大事典』日本図書センター、二〇〇二年
＊有賀貞他編『アメリカ史　1』山川出版社、一九九三年
＊青山誠子『シェイクスピアとロンドン』新潮社、一九八六年
＊安西徹雄『劇場人シェイクスピア』新潮社、一九九四年
＊今井宏編『イギリス史　2』山川出版社、一九九〇年
＊岩井淳『千年王国を夢みた革命　17世紀英米のピューリタン』講談社、一九九五年
＊梅根悟監修『世界教育史大系7　イギリス教育史Ⅰ』講談社、一九七四年
＊大木英夫『ピューリタン』中公新書、一九六八年
＊大西直樹『ピルグリム・ファーザーズの神話』講談社、一九九五年
＊　〃　『ニューイングランドの宗教と社会』彩流社、一九九七年
＊小田島雄志『小田島雄志のシェイクスピア遊学』白水社、一九八二年
＊樺山紘一『都市と大学の世界史』（「人間講座」テキスト）日本放送出版協会、一九九八年
＊川北稔『民衆の大英帝国』岩波書店、一九九〇年
＊倉松功他編『知と信と大学　古屋安雄古稀記念論文集』ヨルダン社、一九九六年
＊玉泉八州男「ロンドン・シェイクスピアとストラットフォード・シェイクスピア」（小林英一編『シェイクスピアの生涯・特集』丸善、一九八五年所収）

＊出口保夫『ロンドン橋物語　聖なる橋の二千年』東京書籍、一九九二年
＊富田虎男『アメリカ・インディアンの歴史〈三訂版〉』雄山閣、一九九七年
＊中山茂『大学とアメリカ社会　日本人の視点から』朝日新聞社、一九九四年
＊藤永茂『アメリカ・インディアン悲史』朝日新聞社、一九七四年
＊見市雅俊『ロンドン：炎が生んだ世界都市』講談社、一九九九年
＊山本周二『ピューリタン神権政治』九州大学出版会、二〇〇二年
＊横尾壮英『中世大学都市の旅』朝日選書、一九九二年

〈辞書・事典類〉
＊新共同訳『聖書』日本聖書協会、一九九七年
＊『世界伝記大事典』ほるぷ社、一九八〇～八一年
＊The Dictionary of American Biography, New York.
＊The Dictionary of National Biography, London.
＊『岩波＝ケンブリッジ世界人名辞典』、岩波書店、一九九七年

〈特に参照したインターネット・サイト〉
http://www.news.harvard.cdu/gazette/1999/06.10/johnh.html
http://www.stratford-upon-avon.co.uk/soaharv.htm
http://www.hiddenlondon.com/john-harvard.htm
http://bc.vamard.columbia.edu/rmccaugh/earlyAC/lecture-notes/pequotle.html
http://www.dowdgen.com/dowd/documcnt/pequots.html
http://www.pequotwar.com.
http://www.southwarkdirect.co.uk/discovering/htm

索　引

ア

アイビーリーグ　7
アイルランドの反乱　208
アヴェロエス（イブン・ルッシュド）　202
『アエネイス』　104,166
アクィナス，トマス　186
アスカム，ロジャー　90
アセラ・イクスプレス　165
アダムズ，ウィリアム　17,54
『アッティカ夜話』　109
アーベラ号　132
アルゴンキン語　150,165
アリストテレス（含　同自然学・主義）　79,82–3,100,103–4
アリン，トマス　123,183,184
アリン，アン（＝ハーヴァード未亡人）　152,184–5
アルミニウス　115
アレン，エドワード　44
アンティノミアン　167,178
アンリエッタ（ブルボン家）　113
イエズス会　108–9
イェール，イライヒュー　7
イェール大学　7,75,219
イギリス王立協会　79
イースター学期　100
『イソップ物語』　58,103
イートン，サミュエル　132,190
イートン，セオフィラス　131,190,199
イートン，ナサニエル　132,176,179,180,189–91,193–204,210–1,214
イートン，ベノーニ　200
「一般祈祷書」　115
イプスウィッチ　216
『イリアス』　104
インディアン・カレッジ　68
ヴァイキング　223
ヴァージニア　58,68,69,116,137,138,155,171,199–200,222
ヴァージニア大虐殺　171
ヴァラ，ロレンツォ　102
ウィスウォール，ジョン　192
『ヴィーナスとアドニス』　44,46,47,48
ウィリアムズ，ロジャー　144,160,164–6,171,174
ウィルソン，ジョン（牧師）　181,216
ウィルソン，ジョン（カレッジ卒業生）　214
ウィンスロップ，ジョン　117,126,132,135,142,146,148–52,154,157,164,166–8,171–2,186,194–5,199–200,206,214
ウィンスロップ二世（ジュニア）　206–7
ヴェイン，ヘンリ　149,157,160,167–70
ウェザーズフィールド　163,173–4
ヴェサリウス　202
ウェスタン・ユニオン・テレグラフ社　7
ヴェルギリウス　103,166
ウェンデリン　104
ウォーターズ，ヘンリ　25
ウォード，ウィリアム　69
ウォード，ローズ（＝カサリンの妹）　69
ウォリックシャー　53
ウッドブリッジ，ベンジャミン　215
エィヴォン川　37,38
エイムズ，ウィリアム　189–90
英仏海峡　223–4
英蘭戦争　111
エズラ記　213
エラスムス　102
エリオット，チャールズ　3,182
エリザベス1世　23,48,59,65,81–2,90
エル・ダラード　137
エルトン，チャールズ　46,51

索　引

エレッソン，ジョン　66
エンディコット，ジョン　143,174,214
オヴィディウス　102–3
牡牛亭　72
オクスフォード　72,75–8,92–3,115
オクスブリッジ　76–7,91,112–3
オランダ独立戦争　111
オールダム，ジョン　173–4
オールド・ケンブリッジ　181
オールド・ヤード　1,179
オーブリー，ジョン　44,51
『オセロー』　45

カ

会衆派　33,94,141
ガイ・フォークス　65
ガウン（大学）　76
カトリック　81–2,91,98,113–4
カヌート　223
ガリレオ　59, 202
カルヴァン，ジャン（含　主義）　50,94,
114–5,181,185,188
カルタゴ　166
ガレン，エウジェニオ　108
ガロワ　9
カンタベリ　17
『カンタベリ物語』　77
カンタベリ大聖堂　23
カサリン（＝カサリン・ロジャーズ，ハーヴァードの母）　30,37,40,44,46,53–5,59,
65–9,78,88,118,119,155
キケロ　102–4
キース・カレッジ　88,115,183
キャヴェンディッシュ研究所　75
キングズクロス駅　71
キングズ・ヘッド　33
キングズ・ベンチ　203
クィーンズ・ヘッド（亭）　33,35
クィーンズ・ヘッド・ヤード　36
クィンジー，ジョウサイアー　9
クエイカー（教徒）　23,94,169
クザーヌス，ニコラウス　202
グッドウィン，トマス　101
クライスツ・カレッジ　86,93,109
クリンク（特別自由区）　41,43
クリンク牢獄　20,23
グレイズ・イン（法学院）　106
グレイヴズ，アン　200
グレート・ストンゲイトウェイ　16
グロティウス，フーゴー　207–8
グローブ座　20,22,41,42
クロムウェル，オリヴァー　121,169–70
ゲイツ，ビル　5
ゲイムズ，アリスン　139,167
ケインズ，ジョン　133
ケネディ，ジョン　137
ゲリウス　104
ケルト時代　15
ケント地方　17,20
ケンブリッジ（イングランド・含大学）　3
–5,30,71–7,80–3,88,90–4,96,98–100,105,
109,115,117,119–20,132,138,149,156,176
ケンブリッジ（植民地）　129,159,192
ケンブリッジ合意　117,149–50,163
ケンブリッジ・プラトニズム　82
コインブラ大学　101,103
高教会派　91,141,200,205
公民　147–48,152,154
国王至上法　80,81
護国卿　170
ゴシック復興派　30
胡椒横丁　31
コックス，ウィリアム　67
コードリー，レイフ　51
コトン，ジョン　116,167,184,214
コネティカット　162,163,170,172–4,179,
219
コーネル，エズラ　7
コーネル大学　7
コペルニクス　202

コメニウス，ヨハネス　108,206–8
コンキスタドレス　137

サ

再洗礼派　222–3
サウサンプトン家　47
サウス・モーリング教会　121–2
鎖国体制　224
サザーク　16–8,20–5,31,33,35,41,43,49,51–3,59,62–5,67–8,119,203
サザーク大聖堂　24,28,30
サセックス地方　121
サドラー，アン　120–1
　———，ジョン　121
　———，メアリ（アンの母）184–5
　———，メアリ（アンの娘）184–5
　———，メアリ（アンの姉）185
ザバレラ　202
サリー州　119
三十年戦争　58,111,113,207
サン・ジュスト　9
シェイクスピア，エドマンド　30,41,43,52–4
シェイクスピア，アン（＝アン・ハサウェイ）　41
シェイクスピア，ウィリアム　17,19–20,22–3,30,37,41,43–55,60,120
シェイクスピア・ハウス　37
シェリー，ヘンリ　10–2,31,33,53,69
ジェイムズ一世　30,59,65,68,113
シェパード，トマス　184,196,214,221
シェリー，ヘンリ　10〜12,90,109,184,186
ジェントリ　65,77
シェーンボーム，サミュエル　46,49
シドニー・サセックス（カレッジ）　81,88
シナゴーグ　121
ジャック・ケイドの乱　20
ジャンヌ・ダルク像　3
自由意志論　115
十七世紀危機論争　111
シュナイブラー，クリストファー　103
シュロップシャー　202
商業革命　111
ジョージ・イン　32,33
ジョン・ハーヴァード・ハウス　34
ジョン・ハーヴァード・ライブラリー　35,36
ジョンストン門　4,217
ジョンソン，ポール　143
シルヴァー・ストリート　43
陣羽織亭（タバード）　19
スアレス，フランシスコ　103
数学橋　72
スエトニウス　104
スカボロ　17
スコットランドの反乱　204
スタンフォード，アマサ・リーランド　7
スタンフォード大学　7
ステュアート朝　204
ステンドグラス　83–4
ストラーダ，ファミアーノ　104
ストラトフォード（アポン・エィヴォン）　20,37–8,44–5,50–1,53,55,119
ストーン，サミュエル　116
スミス，ジョン　118
聖ミカエル学期　100
セシル，ウィリアム　48
セネカ　103
セーラム　118,189
セント・オレイヴ　16,25,31
セント・ジョージ　16
セント・ジョージ教会　184
セントジョンズ・カレッジ　90,96
セント・セイヴィア教会　16,25,30–1,41,43,52–3,57,63,78,119
セント・ポール大聖堂　79
セント・メアリ教会　98
セント・メアリ・オーヴェリ教会　44
セント・トマス　16
『ソネット』（シェイクスピア）　48,49

『ソネット』（ミルトン）　169
ソルトンストール，ヘンリ　216

タ

ダイア，メアリ　169
ダーウィン，チャールズ　74
ダウニング，ジョージ　215
タウン（町当局）　76
タウン（集住地区）　145–6,148,151,154,158,162
高杉晋作　9
ダッドリー，トマス　117,214
ダートマス大学　7
ダニエル書　213
タバード・ハウス　19
タワーヒル　119
タワー・ブリッジ　15
ダンスター，ヘンリ　193,205–6,209–11,214,220–3
ダンビー，リチャード　201–2
チェッショウム，トマス　200
チャダートン，ロレンス　82,84,86–7
チャペル・ストリート　46
地動説　59
チャールズ一世　65,113,204
チャールズ二世　203
チョーサー，ジェフリー　19,33
長老派　94,205
低教会派　200
ディケンズ，チャールズ　21
ディズニー，ウォルト　1
デヴォンシャー　203
デカルト，ルネ　208
テサロニケの信徒への手紙二　212
デスィン，バーバラ　35,55
テムズ川　13,15–7,21,43
デモステネス　104
テューダー朝　57,59
テレシオ　202
テレンティウス　102
天然痘　65
ドーヴァー　17
ドウズ，シモンズ　192
ドゥネイム，ジョン　188
ドゥンス・スコトゥス　186
徳川幕府　224
独立戦争　224
ドーチェスター　211
ドミニコ会　80
トムランド　184
トラファルガー広場　13
トリニティ・カレッジ　81,91,106,115,189

ナ

ナイアンティック　172
ナショナル・トラスト　33,40
ナラガンセット　172,174–5
南北戦争　138
『ニュー・アトランティス』　107
ニューアムステルダム　222
ニューイングランド　133,136,137–41,143,147,151,156,170,181
『ニューイングランドの最初の果実』211,216,217
『ニューイングランドの植民者に』　118
ニューイングランド連合　163,221
ニューカレッジ　95,216
ニュー・ケンブリッジ　181
ニュータウン　145,152–3,162,176–8,191–2
ニュートン，アイザック　74,112
ニューバリー　215
ニューヘイヴン　163,190
ニューベリ　145
ニュープレイス　45
ニューロッシェル　169
ネイシュ，アレックス　41
年季奉公人　147
ノア　135
ノックス，ジョン　205
ノーザンプトン郡　200

ノーベル賞　74–5
ノリッジ　183
ノルマン人　223
ノルマン朝　24
ノルマンディ公ウィリアム　223
ノルマンの征服　223

ハ

ハーヴァード，アン　183
ハーヴァード・チャペル　28
ハーヴァード，ジョン（ハーヴァードの祖父？）31
ハーヴァード，トマス　30,56,59,66–7,78,119
ハーヴァード・ハウス　37,39,40–1,46,52
ハーヴァード，ライオネル・デ・ジャージー　119–20
ハーヴァード，ロバート　30–1,35,41,44,52–7,59–61,65–6,68
ハーヴァードスクェア駅　179
ハーヴァード・モール　126–7
ハーヴェイ，ウィリアム　54,202
ハーヴェイ，トマス　31
ハイウェイマン　71
バイドフォード　203
バイブル・コモンウェルス　138,141
パインツリー　191,214
白鹿亭　20–2
バークシャー　215
バース伯　203
八十年戦争　207
ハッチンソン，アン　151–2,160,166–170,176
ハッバート，ウィリアム　193,216
パディントン駅　37
ハートフォード　163,173
ハートリブ，サミュエル　79,110,206–8
バーナード，トビー　216
パドヴァ大学　88,193,201–2
バプティスト　94
バミューダ　222
ハムレット　30
バーモンズィ通り　129
薔薇戦争　20
バラ・ハイ・ストリート　17
ハンガー教区　200
バンカー・ヒル　126–7
ハンティントン，サミュエル　5
ハンフリー，ジョン　163–4
ピカデリー・サーカス　13
ピークォット川　174
ピークォット戦争　145,151,160,170,173,175
ピークォット族　163,172–5
ピスカタクァ　199
ビショップキャッスル　202
ビショップスゲイト・ストリート　72
ピーター，ヒュー　160
ピーターバラ　17
ビッグ・ベン　13
『ピックウィック・ペーパーズ』　21
百年戦争　61
ピューター博物館　41
ピューリタニズム　143,178
ピューリタン　50,81–3,94–6,98,114–7,121,133,140–2,146–8,151,160–1,164–7
ピューリタン革命　92,96,113,116,121,169,224
ピューズィ図書館　55
ピュリッツアー賞　5
評議員　184,212–3,221–3
評議会　176–7
ヒラリー（学期）100
ビリンガム，サミュエル　216
ピルグリム・ファーザーズ　23,59,136–7,140–2
東インド会社　58
フィリップス，ウィリアム　28
フィリップ王戦争　175
フィールド，リチャード　45–6

索　引

フィールド，ヘンリ　46–7
フォンセカ，ペドロ・ドゥ　103
フッカー，トマス　116,163–4,191
フック，ロバート　79
プディング横丁　63
ブラウン，エドマンド　192
ブラウン，ロバート　23
ブラウン・ジュニア，ニコラス　7
ブラウン大学　7
フラネッカー大学　189
ブリスコー，ナサニエル　194–6,198
プリマス　223
ブルゲルスディキウス　101,103
ブルスター，ナサニエル　216
ブラックフライアーズ　45
ブラッディ・メアリ　81
ブラッドフォード，ウィリアム　136,140,171–2
フランクフルト・アム・マイン　13
フランス革命　9
プランテーション　139
フリーダム・トレイル　126
ブリテン島　224
プリニウス　186
プリマス　23,132,135,137,140–2,163,170,172–3
プルタルコス　186
ブルボン家　113
プロヴィデンシア島　161–4
プロヴィデンス　165–6
ブロック島　173
分離派　94,140
フレンチ，ダニエル・チェスター　2
ベイコン，フランシス　82,90,105–8,110–1,186,207
ヘインズ，ジョン　149
ヘクター号　131
ベザ，テオドール　185
ヘシオドス　103
ヘッセ，ヘルマン　98
ペトロニウス　104
ベラルミーノ，ロベルト　186
ベリ　210
ペレイラ，ベニート　103
ベロット　50
ペン，ウィリアム　23
ペンシルヴェニア　23
『変身物語』　102
ヘンズロウ，フィリップ　44
ヘンリ八世　25,33,81
『ヘンリ六世』　20
ボイル，ロバート　79,207
ホィールライト，ジョン　168
法律委員会　154
ポカホンタス　138
ホーキング，スティーヴ　75
補佐官　148
ボストン教会　166,168
ボストン第一教会　181
ホッソン，レスリー　131
ホートン図書館　188
ホプキンズ，エドワード　131
ホブソン，ジョン　71–2
ホメロス　186
ホラティウス　103
ホリス，トマス　188
ホーリー・トリニティ・教会　52
ホルズワース　96–7,101
ボワーズ，ロバート　43
ポンポナッツィ，ピエトロ　202

マ

マウントジョイ，クリストファー　43,49,50
マグナ・カルタ　76
『マグナリア』　123,181,206
マザー，インクリース　219
マザー，コトン　123,181,190,193,206,211
マザー，リチャード　211
マサチューセッツ湾会社　143,147,150,176

マーシャルシー牢獄　21
魔女狩り　160
マドラス総督　7
マーブルヘッド　145,160,177–8
マルセイユ　65
マルティアリス　103
見えないカレッジ　79
ミスティック　153,175
ミドルセックス　66–7,88
ミニットマン像　2
ミルドメイ，ウォルター　81,86
ミルトン，ジョン　72,82,84,90,93–4,99,105–6,169,207,210
メアリ一世　81,90
メイフラワー契約　136,140
メイフラワー号　23,59,132,135–6,140
メドゥカフ，ピーター　31
メドフィールド　216
メドフォード　145
メメント・モリ　59
メランヒトン，フィリップ　185
モウルソン，アン・ラドクリフ　221
モスクワ会社　31
モードリン・カレッジ　81,121,132,210
モードリンホール・カレッジ　215
モートン，ニコラス　30,78,130
モートン，チャールズ　78–9
モニュメント（大火記念塔）　63–4
モヒガン　172–4
モラヴィア兄弟団　208
モリス，エドワード　40
モリソン，サミュエル・エリオット　10–2,31,53,131–2,151,160,180,186,191,198–9,209,211

ヤ

ヤードリー，ジョージ　68
ヤードリー，ラルフ　68
ヤーウッド，リチャード　68–9,155
ユグノー（戦争）　49–50,81
『ユスティニアヌス法典』　104
ユスティヌス，マルクス　101
ヨハネによる福音書　212ヨブ　149

ラ

ライデン（大学）　115,216
ラザフォード，アーネスト　74
ラスキー，キャスリン　137
ランカシャー　210–1
リヴィウス　104
理事　222
理事会　221
リーズン，ラルフ　69
リズリー，ヘンリ　47–9
リチャード，アリスン　74
リチャード一世　3
リマ（市）　155
リンカーン，エブラハム　1,137
リンカーン記念堂　2
ルイ一四世　111
『ルクリース』　44
ルクレティウス　103
ルター，マルティン　185
ルーズヴェルト，フランクリン　225
レキシントン　2
レン，クリストファー　79,83
レント（学期）　100
ロヴェルス島　158
ロクスベリ　145
ロジャーズ，トマス　37,41,46
ロジャーズ，フィリップ　45–6
ロード，ウィリアム　98,114–6,186
ロードアイランド　165,169,174
ロンドン橋　13,15–7,20,24,62,63

ワ

ワイルズ，アンドリュー　75
ワイドナー図書館　5
ワット・タイラーの乱　20
ワンパム　172

著者紹介

森　良和（もり　よしかず）
一九五一年千葉県生
早稲田大学第一文学部西洋史学専修卒業、同大学院文学研究科史学専攻博士課程単位修得
玉川学園高等部教諭（一九八三～九八）を経て
現在　玉川大学通信教育部講師（一九九八～）
主要論文「草創期のリュケイオン」（『論叢』第四二号、玉川大学文学部）「神に選ばれし者たち」（『教育研究』第一号、玉川学園教育研究所）など
主要著書『社会科教育法』（共著、玉川大学通信教育部）『歴史のなかの子どもたち』（学文社）など

ジョン・ハーヴァードの時代史

二〇〇四年三月一五日　第一版第一刷発行

著　者　森　良和　◉検印省略
発行所　株式会社　学文社
郵便番号　一五三－〇〇六四
東京都目黒区下目黒三－六－一
電　話　03（三七一五）一五〇一（代）
http://www.gakubunsha.com
発行者　田中千津子

乱丁・落丁の場合は本社でお取替します。　印刷所・㈱シナノ
定価はカバー・売上カードに表示。

ISBN 4-7620-1289-0

セーラム
ソーガス
マーブルヘッド
ンズタウン
ウン
ボストン
ウン
ロックスベリ
ドーチェスター
ウェイマス
メドフィールド
ケープコッド
プリマス
ナンタケット島
マーサスヴィンヤード島
島